Dife Tou Limen

Liv Lekòl Dimanch ak Etid

Dife Lajwa - Se Tòch Nimewo 13

Pastè Renaut Pierre-Louis

Si w bezwen enfòmasyon sou liv yo ak brochi nou ekri yo, ou kap kontakte nou nan adrès sa yo :

Peniel Southside Baptist Church
P.O. Box 100323
Fort Lauderdale, Fl 33310
Phone: 954-242-8271
954-525-2413
Fax: 888-972-1727
Website :www.penielbaptist.org
Website :www.theburningtorch.net
E-mail:renaut@theburningtorch.net
E-mail :renaut_cyrille@hotmail.com

Copyright © 2015 by Renaut Pierre-Louis Tout dwa sou liv sa rezève @ Rév. Renaut Pierre-Louis

Atansyon : Se yon bagay ki kont la lwa si yon moun ta kopye liv sa ou byen yon pati nan liv sa nan nenpòt kèk fason, ke se swa nan enprimri, ou fòto, ou CD san w pa gen otorizasyon ekri sou papye de lotè liv la.

Liv nou yo ekri nan twa lang toujou : Franse, Angle ak Kreyol. Nou kap achte yo nan adrès sa yo :

Michel Joseph:
192-21   118 Rd   St Albans, N.Y. 11412
Phone: 917-853-6481   718-949-0015

Rév. Julio Brutus:
P.O. Box. 7612   Winter Haven, FL 33883
Phone: 863-299-3314 ;   863-401-8449

Rev. Edouard Georcinvil
725 NE 179th Terr N. Miami Bch, FL 33162
Phone: 305-493-2125

Rév. Evans Jules:
Eglise Baptiste Bethel
5780 W. Atlantic Ave   Delray Beach Fl 33444
561-452-8273   561-266-5957

Iliana Dieujuste
2432 Indian Bluff Dr   Dracula, GA 30019
Phone: 954-773-6572

Seri 1

Jezi Mouri Pou Peche Men Se Pa Pou Eskiz

Avan gou

Pandan nap fè etid an group sou Evanjelizasyon, nou dekouvri ke gen yon bann moun ki fòje eskiz pou yo pa konvèti. Nou pa sezi pou sa, paske yo pran sa kot papa yo ak manman yo Adan ak Ev ki tap chèche eskiz pou dezobeyisans yo. Jodia, nou vini ak kèk eskiz. Se bagay pou w ta ri. Nou vle ou konnen yo, se pou w pa rete bèkèkè devan riz dyab la. Se pa yon ti liv pou w kite a tè ditou. Wap bezwen gade l chak lè ou pral nan misyon. Konsa nap priye Bondye pou Lespri Sen an kap gide w!

Pastè. Renaut Pierre-Louis

Leson 1   Kote ezkiz yo soti?

Tèks pou preparasyon : Mat.10 :27 ; Lik.16 : 29, 31 ; 19:8-10; Jan. 1 :40-42 ;   4 :39,   42 ;   17 :20 ;   19 :6 ;   Lik.19 :   8-10 ; Wom.10 :14-17

Vèsè pou li nan klas la : Jan.4 :39-45

Vèsè pou resitasyon : Se pa ou yo sèlman m'ap lapriyè, men pou tout moun ki va mete konfyans yo nan mwen lè ya tande mesaj la. **Jan.17 :20**

Fason pou fè leson an: Diskou, konparezon, kesyon

Bi leson an : Montre jan li nesesè pou n preche pawòl la ak bouch nou.

Pou komanse

Eske wap sezi sim di w ke laplipa kretyen anpeche moun konvèti ? Se yo menm ki jwen yon eskiz pou pa bay moun yo Levanjil. Yo menm di se pa nesesè pou preche. Nou gen dwa mennen nanm yo bay Kris pa kondit nou. Men si w vle byen gade, se vle yo pa vle pran angajman pou al preche Levanjil la. Ki sa Bib la di ?

I. Ou pa kap di wap sove nanm moun yo ak bouch ou fèmen
   1. Pa gen moun ki te gen pi bon kondit pase Jezi. Ata Pilat, gouvènè women an ki te gwo kriminèl, te rann temwayaj pou li. Li di : « mwen pa jwen okenn bagay ki mal nan nonm saa ». Poutan, li pat sove okenn nanm ak kondit li. Jan.19 :6
   2. Li kreye mwayen pou l ale Samari pou l bay mesaj la ak bouch li a Fanm Samariten an.
   3. Pou n di w byen, fiy sa se te ren jenès li te ye. Li mennen tout yon vil a la konvèsyon. **Se pa ak movèz kondit li,** men li te louvri bouch li pou bay mesaj la. Jan.4 :39 Moun yo ki konvèti jou saa rann temwayaj pou di ke se fanm sa ki te mennen yo bay Jezi. Jan.4 :42

II. **Pou sove nanm moun yo, se pa chita gade, men se ale pale ak yo.**
 1. Fòk mesaje a bay mesaj la. Women.10 :14-17
 2. Jezi deplase, li ale kay Zache pou bay mesaj la. Lik.19 :8-10
 3. Nan gwo priyè li tap fè avan l mouri, li te priye pou moun ke disip yo va mennen nan Levanjil. **Se pa ak bon kondit yo**, men ak mesaj la. Jan.17 : 20
 4. Jezi menm di disip yo pou bay an piblik tout mesaj li te bay yo an prive. Sa vle di se pou nou bay li nan radyo, nan televizyon ak nan entènèt. Matye.10 :27

III. **Dapre sa nou aprann, pi fò moun ki konvèti, se nan evanjelizayon kote moun pale ak moun.**
 Se Andre ki mennen frè li Pyè bay Jezi. Se pat ak kondit li, men se bouch li te louvri pou bay li mesaj la. Jan.1 : 40-42
 1. Kan nonm rich la tap soufri nan dife lanfè a, li te soupriye Abraram pou l voye Laza al **pale** ak frè li yo pou yo degaje yo konvèti pou yo pa vin nan toumant saa li ye a. Abraram te di l : Yo gen Moyiz ak pwofèt yo pou **preche** yo. Donk se pa ak kondit yo, men ak mesaj la. Lik.16 : 29, 31
 2. Laza pat gen bezwen desann sou la tè pou l mennen yon bon vi, ni pwofèt yo non plis. Donk zafè de fèmen bouch pou moun sa konvèti a, se bliye sa.

Pou ki sa ?
Se paske pou la fwa kap rantre nan moun nan, fòk li tande pawòl la ak de zorey li. Bon kondit la bon, men li pa nan plas li la ditou. Women.10 :17

Pou fini
Nan dènye jou a, pap gen plas pou eskiz. Degaje w pran la ri a, al chèche nanm yo mennen yo bay Kris. Li déjà kanpe devan pòt la ap tann ou. Ou pa gen okenn eskiz!

Kesyon

1. Ki kote eskiz yo konn soti ? Nan bouch kretyen yo ki pa vle soti al preche Levanjil
2. Ki sa yo di pou w fè pou genyen nanm yo pou Kris ? Yo di ou kap genyen nanm yo san w pa pale. Depi ou gen bon kondit.
3. Ki sa bib la di ?
    a. Fòk nou pale dirèkteman a moun ki pa konvèti yo
    b. Fòk nou rann temwayaj pou Kris devan yo.
4. Di si se vre ou si se fo
    a. Jezi te sove nanm yo ak bon levasyon l. _V _ F
    b. Fanm nan peyi Samari a te lakòz moun pat konvèti akòz movèz kondit li. _ V _ F
    c. Jezi te sèvi avè l pou genyen moun movèz vi parey li yo _ V_ F
    d. Se lè pawòl la preche, la fwa rantre nan moun yo pou yo konvèti _ V _F

Leson 2 Eskiz a fanatik relijyon yo

Tèks pou preparasyon: Sòm. 91:1; Pwo.27:1; Ekl.9:5-6; Mat.11:28; Lik.9:60; Jan.8:36; 14:27; 15:5; Tra.4:19-20; 5:29; Wom.14:12; 2Ko.6:2; Gal.5:1; Ef. 5:22; 6:1; Ebr.9:27; 1Pyè. 3:1

Vèsè pou li nan klas la: Jan.8: 31-36

Vèsè pou resitasyon: Si pitit Bondye a bay nou libète, n'a lib tout bon. **Jan.8:36**

Fason pou fè leson an: Diskou, konparezon, kesyon

Bi leson an: Fè fanatik relijyon vin jwen Kris.

Pou komanse

Jodia nap pale ak fanatik relijyon yo. Yo menm yo kwè ke se sèl relijyon yo ki bon, li sèl ki di laverite. Pou yo pa chanje lide yo, yo vini ak eskiz sa yo.

I. Pemye eskiz yo bay, yo di se sa yo te vin trouve.

Depi yo fèt, yo jwen paran yo ap pèsevere .nan relijyon saa. *Evanjelis la kap di yo* : Li dakò pou yon moun obeyi paran. Se Bib la menm ki di sa. Efezyen.6:1
Sèlman nan zafè nanm ou ki pou sove, se ou menm ki pou fè desizyon w. Pito w obeyi Bondye pase ou obeyi lòm. Travay.4:19-20; 5:29; Women.14:12

II. Dezyèm eskiz la soti nan kalkil pa yo.

Moun nan di w lap konvèti apre fèt Sen Jan ou Sen Jak, ou byen kant li fin fè premyè kominyon. *Evanjelis la kap di l*: Desizyon sa ou pran fè m konprann ke ou dakò ak levanjil la nan kè w. Men, eske w pa konnen ke lanmò pa bay ni jou ni lè lap parèt sou w? Pwovèb. 27:1 Jezi pap sove pèson demen. Se jodia li bay w chans la. Pwovèb .27:1; 2Korentyen.6:2; Ebre.9:27

III. **Twazyèm eskiz la soti nan vye kwayans yo**
Moun nan di w: «Ma konvèti lè m fin fè devwa pou nanm paran mwen ki mouri, pou mò yo pa vin toumante m.»
Evanjelis la kap fè l li Eklezias. 9:5-6; Lik 9:60
Li kap di l ankò ke Jezi vini pou bay li libète. Pa gen mò ki kap kenbe w. Jan.8:36; Galat.5:1
Jezi vin pote lapè pou w, kelke swa kondisyon w. Jan.14:27; Matye.11:28

IV. **Katriyèm ezkiz la soti nan vi sosyal moun nan.**
Li di lap konvèti apre maryaj li. Li pap kite gason
fè sa l vle avè l.
1. Evanjelis la dwe konnen ke gen moun ki vle chèche pwoteksyon nan lwa yo, lakay bòkò avan yo konvèti.
2. *Evanjelis la dwe di moun saa*:
Li dwe soumèt dabò a Bondye, answit a mari l. Sansa, maryaj la pap dire. Efezyen.5:22; 1Pyè.3:1
3. Sonje ke san Kris ou pa kapab fè anyen. Se Bondye ki pou gade ni kò a, ni nanm nan tou, ni maryaj la. Sòm.91:1; Jan.15:5

Pou fini
Nap kite koze sa kounyeya, men nap raple w sèlman ke rezonman w pa kapab sove w. Nou soupriye w pou bay Jezi dwa antre nan la vi w pou w sa chape anba dife lanfè.

Kesyon

1. Ki sa fanatik la vle di? Yon moun ki fou pou relijyon l
2. Ki jan de fwa li genyen? Yon fwa nan Bondye paran l
3. Ki rezon ankò li genyen pou l pa konvèti?
   a. Li gen fwa nan Sen yo
   b. Li pè pou mò pa vin peze l
   c. Li kwè lwa yo ak bòkò yo kap pwoteje l
   d. Se pretèks lap chèche pou l pa konvèti
   e. Se pretèks lap chèche pou l mouri nan enkredilite l
4. Di si se vre ou si se fo
   a. Ou dwe mande paran w pèmisyon pou w konvèti _V_ F
   b. Mari madanm nan dwe pou l dakò avan madanm li kap konvèti . _V _F
   c. Yon moun fèt pou w ranje kò w kay houngan an avan ou konvèti. _V __ F
   d. Se sèl Jezi ki kap sove yon moun. __ V __F

Leson 3 Moun ki mal pou pran desizyon yo

Tèks pou preparasyon: Mat.11:28; Jan. 1:12; 3: 3-17; Tra.4:12; 1Ko7:12-15; 2Ko. 5:17; 6:2; 1Tes. 5: 23-24; 1Tim. 5:24-25; Ebre.9:27; Jid 24

Vèsè pou li nan klas la: 1Jan2:15-17

Vèsè pou resitasyon: Pa renmen lemonn ni anyen ki soti nan le monn. Si yon moun renmen lemonn, li pa gen renmen pou Papa a nan kè li. **1Jan.2:15**

Fason pou fè leson an: Diskou, konparezon, kesyon

Bi leson an: Fè moun nan santi obligasyon an pou l konvèti

Pou komanse

Gen moun ki fè èspre rete nan enkredilite l. Sa fè la penn pou tande yo.

I. Tou dabò, yo pa gen yon bon konviksyon.

1. Moun nan di w : Toutotan map viv ak madanm saa, mwen pap janm konvèti.

    Li vle di w ke li plase, men li pa deside marye ak madanm saa.

    Li kap marye tou e li gen lide divòse, men madanm nan poko konn sa.

    Evanjelis la kap di l:

    Moun pa kapab nye dwa sa ke w genyen. 1Korentyen. 7 : 12-15 . Se ou menm ki konnen ki jan wap dedomaje l avan sa fèt, selon konsyans ou. Konnen ke Bondye bay valè a nanm tout moun. Sonje ke lanmò pa bay ni jou ni lè. Bondye pap sove pèson demen.
    2Korentyen.6 :2 Ebre.9 :27

II. Answit, yo gen yon bann tolerans ki kenbe yo.

Tolerans la soti nan movèz vi moun nan ap mennen, san legliz pa konnen.

Yo pa byen konnen sakrifis Jezikri pou sove yo.

Jan.3:17; 1Timote.5:24-25
Yo menm di w: Se yon bon Katolik ki fè yon bon pwotestan.
1. *Evanjelis kap di l*:
    Sa byen posib. Sepandan, ou kap yon bon katolik ou byen yon bon pwotestan e malgre tou, ou ale nan lanfè, nanm ou pèdi ! Pouki sa? Se paske Sali nanm ou pa soti ni nan pwotestan ni nan katolik men li soti nan fwa ou genyen nan JeziKri pou sovè w. Jan 1:12
2. Bib la di : Si yon moun nan Kris, li vin yon lòt moun.». 2Korentyen.5:17 ; Jan.3:3, 7, 16
3. Dèt peche nou yo peye sou bwa kalvè a. Relijyon pa antre nan plan Sali nou an.
    Travay. 4 :12
4. Jezi di: vin jwen mwen ; li pa voye nou nan okenn relijyon. Matye.11: 28

III. Gen nan yo ki pa gen okenn anvi pou zafè Bondye.

Men yon enkonvèti ki di : « Mwen te nan relijyon w nan, men mwen te blije kite l. Mwen pa ta renmen tounen ladan ankò pandan m ap fè menm bagay yo».

Evanjelis kap di l:
1. « Si w gen menm atitid la, wap toujou fè menm bagay yo»
2. Satan konnen byen ke w pa gen fòs pou w sa konbat li. Se poutètsa Jezi pa mande w pou w vin nan relijyon ; li mande w pou w vini jwen li jan ou ye a. Matye.11 :28
3. Ou bezwen sèlman kwè nan li epi ou lage rès la nan men l. Se Li menm sèl ki kap anpeche w tonbe ankò. 1Tesalonisyen.5 :23-24 ; Jid. 24

Pou fini

Nap priye pou Sentespri a touche kè w, pou l ede w fikse zye w sou bwa Kalvè a, konsa li va pi fasil pou w asèpte Jezi pou Sovè w.

Kesyon

1. Pouki sa gen moun ki ranvwaye desiyon yo pou yo pa konvèti tou swit ?
Gen ki vle separe ak madanm yo ou divose ak yo avan
2. Chwazi ant Katolik ak Pwotstan pou di m ki lès nan yo ki sove moun? Se pa ni len ni lòt
3. Ki sa pou nou fè pou nou sove?
Nou dwe kwè nan Jezi pou sovè nou
4. Di si se vre ou si se fo
   a. Vini nan relijyon pa m nan pou w sove _V _F
   b. Relijyon ki sove moun nan, li pa egziste_ V _ F
   c. Si lanmò pran w nan yon legliz, ou pral nan syèl tou dwat _V _F
   d. Jezi sove sèlman pechè yo ki repanti _ V _F
   e. Jezi kap kenbe w pou w pa janm chite. _ V_F

Leson 4 Kèk fanatik ki pa wè klè ditou

Tèks pou preparasyon: Mat. 1:25; 13:55; Mak.6:3; Lik. 1:47; 2: 7; 6:14; 23:43; Jan. 2:5, 12; 3:16; 5:39; 7:5; 10:28; 14:6; 17:3; Kol.2:9; Ebre.10:31
Vèsè pou li nan klas la: Jan.3 :1-8
Vèsè pou resitasyon : Pa sezi si mwen di ou. Se pou nou fèt yon dezyèm fwa. **Jan.3:7**
Fason pou fè leson an: Diskou, konparezon, kesyon
Bi leson an : Ede kèk moun pou yo fè tankou La vyèj Mari pou asèpte Jezi pou sovè yo.

Pou komanse

Gen moun ki fè sa relijyon yo pa menm mande yo. Non sèlman yo pap konvèti, men yo rayi moun nan lòt relijyon yo. Men sa yo di:

I. Dabò yo pale de sa yo pa konnen

Moun nan di w : Mwen rayi tande pwotestan. Yo di yo Sove. Pa gen moun ki kap konnen si yo sove depi ou sou tè saa »
Evanjelis kap mande moun saa si li kwè nan bib la. Si li di wi, Evanjelis la kap montre li sa Bondye di de Sali moun ki kwè yo.

1. Sali a se depi menm lè ou kwè nan Jezi pou sovè w. Jan. 3 :16 ; 5 :39 ; 10 :28 ; 17 :3
2. Nan dènye minit avan l mouri, bon lawon konvèti. Jezi di l konsa : Jodia menm wap avè m nan paradi a». Lik. 23 :43
   Si se pat vre, Jei pat nan paradi a li menm tou.
   Li pa dwe bliye ke se yon bagay ki tèrib pou w ta tonbe anba men Bondye vivan an. Ebre. 10:31

II. Answsit, yo avèg sou sa bib la di.
Tande sa yonn di :
Mwen rayi pwotestan yo paske yo pale mal Lavyèj Mari. Yo menm di ke li te gen lòt pitit.
1. *Evanjelist la dwe mande 1 si 1 kwè ke Bib la se Pawòl Bondye.*
   a. Si l di wi, li va louvri l avè l nan nenpòt Bib, ke se Bib ki ekri pa katolik ou byen pwotestan.
   b. Montre li kote Mari di, ak pwòp bouch li, ke li kontan konnen Jezi pou Sovè li. Se pechè li ye ki bezwen yon sovè. Tankou tout pitit Adana k Ev. Lik.1 :47
   c. Li kwè nan pouvwa li kòm Bondye. Jan.2 :5

2. Evanjelis la dwe fè yon etid ak li nan Bib la.
   a. Bib la di ke Mari te gen omwen sèt pitit apre Jezi. Se Jezi ki te premye pami yo. Lik.2 :7
   b. Se pandan Jozèf te fiyanse ak Mari, Jezi te fèt gras a operasyon Sentespri a. Apre sa li vin konnen Mari pou madanm li e li fè yon kolonn pitit. Nan sa yo nou konnen an, nou kap site : Joz, Jak, Jozèf, Jid, Simon. Bib la pa pran tan bay non ti fiy yo. Matye. 1:25; 13:55; Mak.6:3; Jan.7:5
   c. Fòk nou pa melanje yo ak disip yo. Map bay ou non disip yo . Se te : Pyè, Andre, Jak, Jan, Filip, Batelemi, Matye, Toma, Jak piti Alfe, Simon Zelot la, Jid piti Jak ak Jida, moun Iskaryòt la. Lik.6 :14 ; Jan.2 :12
   d. Konsa, Jezi te premye pitit Mari selon la chè, sèl pitit Bondye selon Lèspri. Li yon moun total e li Bondye total. Kol. 2:9

Pou fini
Avan nou kite koze sa pou jodia, nap di w ke Sali w pa depann de santiman w, ni de relijyon, ni non plis tou de preferans ou. Jezi deklare ke pèson pap rive kay Papa l si l pa pase pa li menm. Jan.14 :6

Kesyon

1. Ki lè yon moun ka di l sove ?
   Se kant li kwè nan Jezi pou Senyè l ak Sovè l
2. Pouki sa La Sent Vyèj Mari te kwè nan Kris pou Sovè l?
   Se paske li menm se te yon pechè tankou tout pitit Adan ak Ev
3. Konbyen pitit Mari te genyen ? Obamo, li te gen wit (8) pitit
4. Pouki sa nou pa pran disip yo pou frè li?
   Yo pa te menm.
5. Bay nou non senk nan frè li yo :
   Joz, Jak, Jozèf, Jid ak Simon
6. Bay nou non senk nan disip li yo :
   Pyè, Jak, Andre, Jean, Batelemi
7. Di si se vre ou si se fo
   a. Jezi te premye pitit ki te soti nan vant Mari . __V __F
   b. Jezi te sèl pitit Bondye ki te fèt gras a operasyon Sentespri a __V __F
   c. Bon lawon chita nan pigatwa __ V __F
   d. Jezi te sove l menm jou a __V __F

Leson 5 Relijye ki gen prejije

Tèks pou preparasyon: Mat.11:28-29; 25:1-13; Mak. 8:35-36; Lik.9:49-50; Jan.3:16; Wo.14:1-12; 1Kor.11:19
Vèsè pou li nan klas la : Ro.14 : 7-12
Vèsè   pou resitasyon : Se konsa chak moun gen pou rann Bondye kont pou tèt pa yo. **Wom.14 :12**
Fason pou fè leson an : Diskou, konparezon, kesyon
Bi leson an : Fè pechè a gen sousi pou nanm li pito.

Pou komanse
Gen moun ki toujou gen yon kritik pou tout relijyon ki pa tankou pa yo. Nou vle koute toujou?

I. **Men yon premye opinyon:**
   «Kote tout legliz sa yo soti? Legliz Katolik se li
   yon sèl legliz Bondye te mete.
   Evanjelis kap di:
   1. Tout moun adore swivan milye w, gou w, lang ou, kilti w, edikasyon w, frekantasyon w. Men tout sa pa gen anyen arevwa ak nanm ou ki pèdi. Jezi menm di fòk yo la. Moun ki pa kont mwen se pou mwen yo ye.
      Lik.9 : 49-50 ; 1Korentyen.11 :19
   2. Nou tande w di ke Legliz Katolik se li sèl Bondye te mete. Tou dabò, Bondye pat vin kreye okenn relijyon. Epi, gen lòt legliz Katolik. Nap bay ou twa :
      a. Gen Legliz Katolik Otodòks Grèk, li dirije pa yon patriyach.
      b. Gen Legliz Katolik Apostolik Women, li dirije pa yon Pap.
      c. Gen Legliz Katolik Apostolik non Womenn. Se li menm ki rele Egliz Episkopal ou byen Anglikann; li dirije pa yon gwoup Evèk.

Swa di anpasan, pawòl sa yo, se pou montre prejije kont lòt Legliz. Ou pa janmen tande moun saa yo ap kritike pou di :

Pouki tout magazen sa yo, pouki tout restoran sa yo, otel ak dannsing sa yo ?
Evanjelis sa kap di ankò. Tou sousi wap fè pou relijyon w « Ou ta dwe fè sousi pito pou nanm ou kap pèdi, olye de fè w sousi pou relijyon w. Montre l vèsè nan Bib la ki di sa nan Mak. 8 :35-36

II. Yon lòt vye lide ankò
1. Gen yonn ki di nan pwotestan gen twòp malfektè.
   Evanjelis la dwe pou l dakò ak sa.
   a. Li dwe montre l menm vèsè nan bib l pou apiye sal di a. Se nan Matye 25 :1-13
   b. Jezi menm bay parabòl de senk vyèj saj ak senk vyèj fòl ki tap tann Lepou a. Sa deja vle di ke nan legliz wap twouve lamwatye moun ki sensè, lamwate moun ki pa sensè.
   c. Erezman, Jezi pa rele nou nan relijyon ; li di nou pou vini a li. Matye.11 :28
2. «Ou di ke Legliz yo ranpli ak ipokrit.
   Nou pap diskite ak ou. Poutan nap di w menm ke gen plis ke ipokrit: gen jennès tankou fanm samariten an, gen volè tankou Zache, gen kriminèl tankou lawon yo. Se yo menm Jezi te voye nou chèche pou sove nanm yo ak nanm pa w ki pa konsa. Legliz se tankou yon lopital. Moun nan ki santi se yon pechè li ye,li vini pou swayaj nanm li. Li pa vini pou l wè yon lis moun ak lis peche yo. Vini jwen Jezi ak fado pa w. Bliye fado pa lòt moun. Nan dènye jou a, chak moun gen pou rann kont bay Bondye pou tèt pa l. Li pap mande w pou lòt moun. Matye.11 :28 ; Women.14 :12

III. Nap vini ak yon dènye :
« Yonn di w ke li pap janmen konvèti paske te gen yon pwotestan ki te fè l yon gwo tò. Li pa vle pèson vin bay okenn Levanjil kounyeya.

Evanjelis kap di 1:
Ou byen di, yon pwotestan, men se pa Jezikri. Swa di antre nou. Koman ou ta pran m si m ta di w :
1. Mwen pap janm mete pye m nan mache, paske gen yon kliyan ki te pile m.
2. «Mwen pap janm bay ranje machi n mwen isit la, paske mwen te jwen yon kliyan nan garaj mesye a ki te joure m.
3. Mwen pap janm ale lopital, paske te gen yon malad ki te mouri la devan m.

Pou n vle di w byen, pretèks sa yo pa gen okenn valè. Dayè menm, ki sa ou jwen nan Jezikri ke w pa renmen ? Li nan Jan.3 :16 ; Matye.11 :28-29

Pou fini

Avan nou kite koze si la, nou va di w zanmi ke Satan ap fè w konpliman pou pozisyon sa ou pran an. Li pèmèt ke kè w vin pi di pou mete w byen lwen Sali gratis ke Jezi vle bay ou.

Kesyon

1. Pouki sa Bondye pa kont okenn relijyon ? Paske li di ke moun ki pa kont li, yo pou li
2. Di nou twa legliz Katolik ou konnen e ki moun kap dirije yo.
    a. Gen Leglis Katolik otodòks grèk. Se yon patriyach ki sou tèt li.
    b. Gen Legliz Katolik apostolik womenn. Se Yon pap ki sou tèt li
    c. Gen Legliz apostolik ki pa womenn. Se yon gwoup Levèk ki sou tèt li.
3. Ak ki moun Jezi fè Legliz li ? Ak moun ki fatige e chaje.
4. Ki sa moun kap kritike yo ap tann de legliz?   Pou tout moun zero fòt
5. Ki moun ki pral rann Bondye kont nan dènye jou a? Chak moun pou tèt pa yo.

Leson 6 Kretyen tout din pyès yo

Tèks pou preparasyon: Lik.9: 23; Jan.19:30; Trav.4:12; Ep.2:8-10; Wom.3: 10, 23; Gal.2:20; Fil.2:13; Ef. 2:1-10; 3:20; 1Tim.1:15; Ebre.2:3
Vèsè pou li nan klas la : Ep. 2 : 8-10
Vèsè pou resitasyon : Se paske li renmen nou ki fè li delivre nou, nou menm ki mete konfyans nou nan li. Sa pa soti nan nou menm, se yon kado Bondye bay nou. **Ef.2 :8**
Fason pou fè leson an: Diskou, konparezon, kesyon
Bi leson an : Montre pechè a ke Sali li garanti depi li asèpte Jezikri pou sovè l.

Pou komanse
Moun nou rele kretyen toudin pyès yo, se moun yo ki kwè yo pa bezwen konvèti pou yo sove. Zèv yo sifi pou sove yo. Ki sa Bib la reponn yo ?

I. Toutdabò men premye agiman yo:
1. Se zèv yon moun kap sove w.
   R/ Bib la di ke kè nou sove se yon gras Bondye fè nou, pa mwayen lafwa nou. Se Jezi sèl ki te fè sa pou nou. Travay .4 :12 ; Efezyen.2 :8
   Li di ankò ke nou pa sove pa bon zèv nou, se pou pèson pa bay tèt li glwa. Depi w konvèti, Bondye te déjà gen travay pou l bay ou fè ; pa gen moun ki gen dwa vini ak pwogram pa l pou di Jezi : « Men sa m vle fè ». Efezyen.2 :8-10
2. Men yonn ki di : Se sel inosan kap sove. Men kanta mwen menm, mwen pa janm fè mal.
   R/ Bib la deklare ke Bondye sove sèlman pechè ki repanti. Pa gen moun ki inosan, tout moun se pechè yo ye. Women.3 : 10, 23 ; 1Timote.1 :15
3. Yonn di ke depi w pa fè mal, wap sove.

R/ Bondye pa mande nou pou nou chwazi ant byen ak mal. Li mande nou pou nou pran kwa Kris pou nou swiv li. Lik.9 :23

Jezi te déjà peye dèt peche nou gras a mò li pou nou sou bwa kalvè a. Jan.19 :30 Pi gwo fòt yon moun te kap komèt, se lè ou fè pedka de Sali sa ke Jezi bay w gratis. Ebre. 2 :3

II. Men dezyèm agiman an

Bondye si tèlman bon, depi m obsève yonn nan komandman yo, map sove.

1. Sa vle di ke li konte sou jefò pa l pou l sove. An pasan, an nou di ke se sèl Jezikri ki renmen papa a ak tout kè l, ak tout nan m li, e pwochen li tankou li menm.

   Se pou tèt sa Bondye fè nou gras pou nou pa konte sou jefò nou. Okontrè, olye ou fè jefò, kite Bondye fè sa li vle nan ou. Galat. 2 :20 ; Filipyen.2 :13

2. Ak pisans li mete nan ou, Li gen dwa fè pi plis pou w pase sa ou te kap imajinen. Efezyen.3 : 20

Pou fini

Bagay ki sou la tè pa kapab fè anyen pou w nan dènye jou a. Sali nanm w, se anwo nan syèl la li soti. Leve tèt ou anlè. Sonje Bondye, sonje syèl la.

Kesyon

1. Ki sa kretyen toudin pyès la vle di ?
   Kretyen ki kwè ke bon zèv li kap sove l.
2. Konbyen bon zèv pou w fè pou jwen syèl ? Okenn bon zèv.
3. Pouki sa?
   Paske Jezi deja peye dèt peche nou kant li te mouri pou nou sou bwa kalvè a.
4. Pouki sa w di ke inosan yo pap sove?
   Paske Jezi te vin mouri pou moun ki koupab. Pa gen moun ki inosan.
5. Pouki sa Dis Komandman pa kap sove nou ?
   Se paske se Jezi sèl ki te mouri pou nou sou bwa kalvè a
6. Di si se vre ou si se fo
   a. Bondye dwe pran nòt pou tout byen mwen te fè a pwochen m yo. __V__F
   b. Bondye dwe fè yon soustraksyon pou l wè si m fè plis byen ke mal pou l kite m antre nan syèl la. _-V __ F
   c. Bondye twò bon, lap kite tout moun antre nan syèl la. _V _F

Leson 7 Moun ki pran pòz yo konnen

Tèks pou preparasyon: Sòm. 8:3; 37:5; 53: 3-4; Mat. 5:21-22; 7:13; 10:40; Jan.3:16; Tra.4: 4, 13; Wom. 3 :11 ;12:19; 1Kor. 1 :26-31 ; Ebre.2 :3; 1Jan.3:14

Vèsè pou li nan klas la: 1Ko.1 :26-31

Vèsè pou resitasyon: Se konsa Bondye chwazi lezòm ke moun konsidere tankou moun sòt pou fè moun ki gen bon konprann yo won't. **1Korentyen.1:27a**

Fason pou fè leson an: Diskou, konparezon, kesyon

Bi leson an : Fè pechè a konprann ke Sali li pa depann de konpetans predikatè a, men pito de Kris ki peye dèt peche l sou bwa kalvè a.

Pou komanse

Gen anpil moun ki pap sove paske yo ap pèdi tan yo chèche agiman pou konbat moun ki pa gen gwo lèspri. David di ke yo pa entelijan.
Sòm.53: 3-4; Women. 3 :11

I. **Ki jan yo montre ke yo pa entelijan?**
   Yo pa chèche Bondye. Yo pito ap viv chak jou nan peche yo. Yo pa menm fè sa ki byen. Sòm.53 :3-4

II. **Yap vini ak yon kòlonn agiman ki pa gen valè**.
   1.Tande ki sa yonn di :
      « Ou poko pare pou bay mwen Levanjil. Rele pastè w pito.»
      Evanjelis la kap di l.
      Le Sentespri sèvi ak apòt Pyè, yon nonm sòt, pou mennen 3000 nanm a Kris. Moun sa yo te touris ki te soti toupatou nan le monn antye. Yo pat moun sòt e Pye ki te preche yo, li pat yon pastè. Tra.4 : 4, 13
      a. Se abitid Jezi sa menm pou l pran moun ki senp pou li fè yo fè gwo savan yo ap poze kesyon. 1Kor.1:26-29

    b. Pou w antre nan pòt syèl la ou dwe fè w piti paske pòt antre a li jennen anpil. Matye.7 :13

    c. Dapre sanm konnen, ou pap janmen di yon Polis li pa gen dwa arete w. Voye chèche prezidan an pou arete w. Li pa vini pou kont li ; li vini onon de gouvèman peyi a. Se konsa tou predikatè a vin bay ou Pawòl Levanjil la ak pouvwa li jwen nan non de Jezi, wa sou tout wa. Matye 10 :40

2. Gen moun ki pa konvèti ki mete konfyans nan tèt yo.
Yo di Bondye pran twòp tan pou l bay yo jistis.

    a. Nou dakò ak sa. Men konnen byen li pi bon pou w. Jistis Bondye se yon remak de amou li ak jan li sen. Li pini peche a ; men, an menm tan, li sove pechè a paske Jezi peye pou li. Jan.3 :16

    b. Lòm gen moun pa nan jistis yo bay. Yo peze moun yo pa vle wè. Men Bondye vle se li menm ki vanje nou e ki rekonpanse nou. » Wom.12 :19 Li ta pi bon si w te tann Bondye bay ou jistis, pou l pa di w ke ou fè l plis tò ke sa frè w fè w la. Si ou detwi frè w la, ou fè ka w pi grav devan m. Pito ou tann. Sòm.37 :5

    c. Jezi bay ou randevou nan pyè mòn Kalvè a pou w rekonèt ke san li te koule pou padon peche w. Eske w pral mande Jezi pou l desann sou kwa pou mete frè w ou pa vle wè a? Pito se ou menm ki monte anpremye paske premye koupab la se ou menm. 1Jan.3 :14

3. Yon dènye agiman
Tout moun nan fanmy an pa kap konvèti. Fòk gen yonn ki rete deyò si fanmiy nan gen bezwen pou fè yon vanjans.
R/ Si ou kontinye panse konsa, ou sèlman di ou déjà dannen nanm ou, e ou meprize Sali ke Jezi ap bay ou gratis la. Ebre.2 :3
Se pa zak la sèlman Bondye kondanen, men li kondannen move lentansyon ou gen nan tèt ou a. Matye. 5 :21-22

Pou fini

Konnen byen ke Bondye sèvi ak sa ki pa gen valè pou li fèmen bouch moun ki kwè se yo ki konnen pase tout moun. Sòm.8 : 3 ; 1Korentyen.1 :28-29

Kesyon

1. Pouki sa nou pa bezwen se pou n pastè pou n preche levanjil ?
    a. Apòt yo pat pastè epoutan yo genyen le monn ak mesaj la.
    b. Bondye sèvi ak moun yo meprize pou fè moun save yo sezi.
2. Ki otorite nou gen pou preche Levanjil ?
Otorite Sentespri a.
3. Pouki sa nou pa dwe vanje?
Se sèl Bondye ki gen dwa saa.
4. Pouki sa li pini menm move lide nou gen nan tèt nou?
Paske se move lide a ki prepare nou pou nou fè move zak la.

Leson 8 Moun kap swiv tradisyon

Tèks pou preparasyon: Sòm. 33 :18-19 ; 34: 8; 91: 1,7 ; 121 :3-8 ; 139 :5 ; Eza.43 : 3-5 ; Mak.16 :18 ; Lik. 10 :19 ; 15 :10 ; 16 : 26-31 ; Tra.1 :8 ; Wom. 1 :20 ; 8 :1; 10 :17 ; 1Kor.6 :2 ; 1Tès.4 :1 ; 1Jan.5 :19
Vèsè pou li nan klas la : Ep.4 :17-19
Vèsè pou resitasyon : Chemen ou kwè ki bon an, se li ki mennen tou dwat nan lanmò. **Pwo.14 :12**
Fason pou fè leson an: Diskou, konparezon, kesyon
Bi leson an : Pale ak pechè a yon fason pou l sa pran Jezi pou pwoteksyon l

Pou komanse
Nap pale isit la de moun ki kwè ke si yo nan relijyon yo, moun pa kap manje yo ni detounen byen yo. Nap bay twa jan de moun ki konsa :

I. Premye moun ki konsa se moun ki ensousyan
Yap viv jan yo vle paske yo kwè yo gen yon anj gadyen ki la pou pwoteje yo.
Men sa Bib la di :
1. Moun ki gen pwoteksyon saa se moun kap viv anba lonbraj kwa Jezikri a. Li di menm « pa gen kondanasyon pou moun ki nan Jezikri. Sòm.91 :1, 7 ; Women.8 :1
2. Yo dwe konnen tou ke Sen pwotektè yo konn ap pale de yo a, yo toujou nan tonbo yo, yap tann jou rezireksyon an. Kidonk, yo pa kap fè anyen pou yo. 1Tèsalonisyen. 4 :1
3. Yo dwe konnen tou ke tout moun ki pa konvèti, yo tout tonbe anba men dyab la. 1Jan. 5 :19
4. Yo pa dwe bliye tou ke djòb anj gadyen yo se pou kanpe a kote moun yo ki la pou nanm yo sove a. Yo fè gwo fèt nan syèl la kan yon moun konvèti. Women. 10 :17

II. **Dezyèm moun ki konsa se moun yo ki endepandan**

Yo di w kareman : « Si yo dwe sove pou ale nan syèl, yo pa bezwen moun pou preche yo. Bondye li menm ka vinn di yo sa pou yo fè. »

1. Moun sa yo poko konnen nan ki tchouboum yo ye. Nonm rich la te kap pale konsa tou. Men lè li rekonèt ke li nan erè, li te déjà two ta. Lik.16 :26-31

   Dayè, Bondye pale nan konsyans ou, nan sa li montre w nan kreyasyon an ak sa li di w nan bib la. Bondye di ke ou pa gen okenn eskiz. Women.1 :20

2. Li voye apòt ak kretyen nan le monn antye tankou reprezantan li pou bay ou mesaj la. Travay.1 :8

3. Yo vini pale avè w gras a otorite Sentespri a ki la pou fè w jwen verite a. Si wap kontinye ak rezonnman sa yo, menm kretyen sa yo a gen pou jije w alafen dimonn. 1Korentyen.6 :2

III. **Twazyèm moun ki konsa se moun yo ki madre**

Yo di moun pa fèt pou w « dlo ak mayi ». Ou dwe chèche pwoteje tèt ou avan w konvèti.

Evanjelis la kap di yo :

1. Ki moun ki te gade w lè te nan vant manman w ? Bondye ou byen Satan?

2. Bondye pa janm mande Satan pou bay li yon kout men kant li deside gade pitit li.

3. Evanjelis la ka louvri bib la ak li nan Sòm 121 : 3-8

   Bib la di : Bondye ap veye sou nou lannwit tankou lajounen. Lap veye sou nanm nou. Li pwoteje nou lè nap soti e lè nap rantre.

4. Li bay tout atansyon l a moun ki gen respè pou li pou li kap pran swen yo sitou lè yo gen yon bezwen ki ijan. Sòm.33 :18-19

5. Bondye vlope yo, li antoure yo e li mete men l sou yo. Sòm.34 :8 ; 139 :5

6. Bondye di ke nou koute l two chè, li pa kapab livre nou. Ezayi.43 : 3-5
7. Jezi di ke li bay pitit li yo pisans sou lèdmi yo e moun pa kapab nwi yo. Lik.10 :19
8. Gras a pisans Sentespri a, yo pa pè moun bay yo pwazon pou touye yo. Mak. 16 :18

Pou fini
Bondye pa janm fè erè ni li pa janm anreta. Nou soupriye w, asepte Jezikri pou sovè w ak Senyè w kounyeya.

Kesyon

1. Eske nou gen yon anj gadyen? wi
2. Ki travay li?
   Li la pou pwoteje moun yo ki la pou sove a
3. Nan ka saa, eske nou kap fè sa nou pito ? Non
4. Ki kondisyon èspirityèl moun ki pa konvèti yo ? Yo anba pisans dyab la.
5. Pouki sa fòk gen moun ki la pou preche mesaj levanjil la?
   Paske se Bondye li menm ki voye yo pou reprezante l.
6. Kote pwoteksyon kretyen yo soti ?
   Nan Bondye kap gade yo.
7. Pouki sa Bondye gade nou ?
   Paske li déjà fè gwo depans nan nou. Li bay la vi Jezikri pou peye dèt peche nou yo.

Leson 9 Moun kap rejenbe yo

Tèks pou preparasyon: Nob.18:26 De.14: 24-26; Sòm.1: 1,5; Aje.1: 3-11; Mal.3: 8-10; Mat.16:19; 18:10; Mak.8:35 ; Jan.20:23; 1Kor.9 :13-14; Ebre.10:31

Vèsè pou li nan klas la: 1Kor.9 :7-14

Vèsè pou resitasyon: Konsa tou, Senyè bay lòd pou tout moun kap anonse bon nouvèl la , fèt pou yo viv sou kont travay bòn nouvèl la. **1Kor.9:14**

Fason pou fè leson ans: Diskou, konparezon, kesyon

Bi leson an: Fè moun yo konnen ke fòt yon lòt moun pa fè yo vinn pi bon.

Pou komanse

Nou rele wodomon, moun kap rejenbe ki pa vle tande Pawòl levanjil la. Yap pale de fòt pastè ak kretyen yo fè, pou w pa gen tan pale ak yo de pwòp peche yo. Men ki moun yo ye :

I. **Se moun kap pale mal pastè yo**

Tande sa yo di : « mwen pap konvèti paske mwen pap bay kòb mwen Legliz pou pastè pa rich sou tèt mwen.

Levanjelis kap di l:
1. Se pa li anpremye ki vini ak opinyon saa. Malerezman, sa denonse povrete l. An pasan, an nou di : pa gen peson ki di ke li pap ale kay doktè pou doktè yo pa rich sou tèt li.
2. Nan Ansyen Kontraa, Bondye te odonen pèp Izrayèl pou yo bay li dis pou san nan kòb yo, pou yo pote l nan tanp la. Se va salè Levit yo ak Sakrifikatè yo. Nonb.18 :26 ; Deterononm. 14 : 24-26 ; Malachi. 3 :10
    a. Si yo neglije fè sa, Bondye mete yo anba kontravansyon. Aje. 1 :3-11 ; Malachi. 3 :8-9
    b. Nan Nouvo Kontraa, Senyè a di nan bouch apòt Pòl ke ouvriye a dwe touche salè l. Se ak levanjil la pou l sa viv. 1Korentyen.9 : 13-14
    c. Poutan menm moun sa yo dakò pou doktè, avoka, bizismann yo, tout travayè, yo gen dwa touche pou

travay yo fè. Moun yo ki pa wè l konsa genyen sou yo yon move zèspri. Malachie 3 :9

d. Jezi menm di ke nou dwe gen anpil respè pou sèvitè l yo paske anj pa yo nan syèl la toujou nan prezans Bondye. Kidonk, pito ou fè atansyon pou anj sa yo pa pote plent pou ou bay Bondye. Matye.18 :10

II. Se tou moun kap pale mal fidèl Legliz yo

Yo deklare ke legliz yo gen twop moun ki landjèz. Pou yon ti krik ti krak, yo rele w nan komite disiplin.
Evanjelis kap di yo sa se yon opinyon pou yo bandonen.
Komite la pou ede w nan vi èspirityèl ou. Li pa la pou jije w. Ou toujou dakò pou doktè mete w nan izòlman si ou gen yon maladi ki atrapan. Se tou nòmal ke komite a mete w chita.
Konnen ke sa Komite Legliz deside sou tè a, Jezi di ke li ratifye l nan syèl la. Matye.16 :19 ; Jan.20:23

III. Se tou moun ki renmen pase moun anba rizib

Ou tande yo kap di : « Map konvèti a kondisyon ke pastè w la bay mwen yon kay, yon oto ak yon bon chèk chak mwa »
Evanjelis la pa dwe pèdi tan l ak jan de moun sa yo. Li kap di yo ke yo mande twò bon mache pou nanm yo. Se pa kote pastè a pou yo ale. Bon adrès la se a Golgata, sou mòn kalvè a. Kant yo rive la, ya wè ke pri pou sove nanm yo pi chè pase yon kay, yon oto ak yon chèk chak mwa. Mak.8 :35
Nou li nan Sòm premye ke nou pa dwe frekante moun kap pase moun nan tenten. Yo gen pou pase mal e ni tou yo pap gen bouch pou pale nan jou jijman an. Sòm.1 :1, 5

Pou fini
Ou gen pou w touche pou tout sa ou fè, ni sa ou di. Lanfè pa dou. E se yon bagay ki rèd pou w tonbe anba men Bondye vivan an. Ebre. 10:31

Kesyon

1. Ki moun nou rele wodomon ?
   Moun kap fè rebèl ki pa vle koute levanjil la ak moun kap denigre sèvitè Bondye yo.
2. Nan Ansyen Kontra, pouki moun Bondye di ladim nan ye ?
   Se pou Sakrifikatè yo ak Levit yo.
3. Ki sa Apòt Pòl di sou koze saa ? Moun kap preche levanjil, se ak levanjil la menm pou yo viv.
4. Ki ta dwe reyaksyon Evanjelis la devan mokè yo?
   a. Nanm li gen plis valè ke sa lap mande pou pastè a bay li a
   b. Pito li ale Golgota, nan pye mòn Kalvè a.
   c. Evanjelis la pa la pou l pèdi tann ak moun sa yo.

Leson 10 Fanatik avèg yo

Tèks pou preparasyon : Eza. 11 :1-2 ; Mat.16 :18; 28 :19-20 ; Mak. 16 :16 ; Lik.2 :21-24 ; 3 :21-23 ; Jan.14 : 6; Tra.2 :38 ; Ef.4 :17-18 ; 1Pyè.3 :21 ;
Vèsè pou li nan klas la : Mat.28 :16-20
Vèsè pou resitasyon : Moun ki kwè e ki resevwa batèm va delivre. Men, moun ki pa kwè va kondannen. **Mak.16:16**
Fason pou fè leson an : Diskou, konparezon, kesyon
Bi leson an : Louvri zye pechè yo sou testaman Senyè a avan l te mouri.

Pou komanse
Sa fè nou la penn pou nou wè bon jan moun ki pa gen limyè levanjil la nan vi yo. Yo kwè seremoni legliz kap sove yo. Efezyen.4:17-18 An nou bay yo limyè.

I. Premye moun nap wè se sa yo ki di:
« Puiske mwen batize, mwen fè premye kominyon, mwen konfimen, Monsenyè pase lwil sou mwen, li te bay mwen yon ti kalòt, konsa mwen gen Sentespri a tankou tout moun.»
Levanjelis kap di 1: mwen pap diskite avè w. Men an nou ale chèche prèv yo.
Premye erè a se nan zafè batize ti moun. Pouki sa?
1. Jezi di se pou nou anseye moun yo avan nou batize yo. Ki sa ou kap anseye yon ti bebe avan w batize l. Matye.28 : 19-20.
2. Jezi di ke moun ki kwè, yo gen dwa batize e yap sove. Eske yon ti bebe kap kwè? Mak.16 :16
3. Batèm se yon angajman. Li mande pou w konsyan kant ou pran angajman sa. 1Pyè. 3 :21 Eske yon ti bebe gen konsyans pou l sa pran yon angajman? Non e non.
4. Jezi te bay nou egzanp : Mari ak Jozèf te prezante l nan tanp la kant li te gen wit (8) jou depi li te fèt. Li tann li te gen trant (30) an pou li te batize. Sa vle di nan yon laj pou l kap rezonen byen. Eske ou pi kretyen pase Jezikri? Lik.2 : 21-24 ; 3 :21-23

5. Lè ou te konfimen, se lè sa yo fè w repete : « Moun te pran angajman pou mwen kant mwen te batize ; jodia mwen vle pran l pou tèt mwen.». Yo fè w kwè ke ou resevwa le Sentespri kant Monsenyè bay ou yon ti kalòt nan figi w. Depi lè saa ou gen entelijans, sajès, krentif pou Bondye, pèseverans, fòs, konesans, konsèy. Esa.11 :1-2

Konnen byen ke moun pa gen Sentespri pou fè parad. Se pou w dim si ak ti kalòt la, ak ti lwil Monsenyè sou ou , ou kap chase demon, geri malad, kraze badji bòkò yo.

Louvri bib ou, ou va konnen ki jan moun resevwa Sentespri a.

Fòk ou gen repantans, konvèsyon, fwa nan Bondye, pou batize e apre sa wa jwen Sentespri a. Se pa yon lamayòt ni zafè ti moun piti, se pito yon pisans pou chanje vi moun yo ki kwè. Travay.2 :38

II. Dezyèm gwoup fanatik avèg yo
   Yo di ke moun ki pastè legliz tout bon an se   Pap la.

Se manti ! Moun nan ki pastè legliz tout bon an, se Jezikri. Li di ak bouch li : « Mwen menm se bon Beje a. Map bati Legliz mwen.»

Matye. 16 :18 ; Jan.10 :11

Se Jezi ki **Lepap** nou. Se li menm sèl ki fè chemen pou nanm nou pou n ale jwen papa nou nan syèl la. Jan.14 :6.

Pou fini
Sali nou pa soti nan Vatican ni nan Mezon blanch. Li soti nan Jezikri, sou bwa kalvè a. Jezi ap tann ou kounyeya pou w rekonèt li tankou sove w ak Senyè w.

Kesyon

1. Pouki sa nou pa batize ti moun?
   a. Paske ti moun nan pa gen konprann pou l kwè
   b. Paske ti bebe a pa kapab gen konsyans pou l pran desizyon.
   c. Zafè batèm nan se yon desizyon pèsonèl
2. Ki kondisyon pou yon moun kap resevwa Sentespri a?
   a. Fòk ou gen fwa, repantans pou peche w padonen
   b. Fòk ou batize nan non Jezi, Papa, ak Sentespri
3. Ki sa ti kalòt monsenyè a kap fè pou w? Anyen. Sa pa nan bib la di tou.
4. Ki moun ki pastè legliz la tout bon vre ? Jezikri

Leson 11   Moun materyalis yo

Tèks pou preparasyon : Jen.2 :15 ;   13 :5-6 ;   33 :   8-9 ; 1Kwo.29 :1-5 ; 2Kwo. 9 : 13-28 ; Som. 24 :1 ; 103 :2 ; Mak. 8 :34-38 ;   10 :21,   24 ;   Lik.   9 :23 ;   12 :18-21 ;   16 :22-31 ; Jan.10 :10

Vèsè pou li nan klas la : Mak.8 :34-38

Vèsè pou resite: Kisa sa ta sèvi yon moun pou li ta genyen lemonn antye si l pèdi la vi li ? **Mak.8:36**

Fason pou fè leson an: Diskou, konparezon, kesyon

Bi leson an: Atire atansyon moun sa yo sou bezwen ijan yo dwe genyen pou nanm yo kap sove.

Pou komanse

Apòt Pòl tris anpil pou moun sa yo ki pa vle tande pale de Levanjil. Se sèl byen latè yo wè ak bagay ki pou enterese kò yo. Filipyen 3 :18-19   Depi yo louvri bouch pou yo pale, ou déjà wè ki jan de moun yo ye. Pou byen di w, ki moun sa yo ye ?

I. **Se moun ki renmen denigre lòt moun**

Koute sa yo di : « Mwen pap janm konvèti paske zafè moun konvèti yo pi mal pase pa m. »

Evanjelis kap di:
1. « Mwen dakò avè w. Bib la pale de vi yon nonm rich ki pat kanmarad pòv Laza.
2. Sèlman, yon segonn apre lanmò yo, sò Laza te pi miyò pase sò nonm rich la. Lik.16 : 22-31
3. Jezi pat janm pwomèt ni povrete ni richès sou latè. Li sèlman mande nou pou n pran kwa nou pou nou mache dèyè l. Lik.9 :23

II. **Se moun yo ki renmen byen sou latè**

Men yonn ki di : M pap konvèti paske Levanjil pa dakò pou moun vi n rich.»

Evanjelis kap di l:
1. « Richès kap anpeche yon moun jwen syèl la si li mete tout konfyans li ladan. Bondye te fè anpil moun rich.

Nou kap pale de Abraram, David, Salomon, Jakòb, Esaou .Moun sa yo te rich jouk yo about. Nan tan pa nou an, nou kap pale de Letouno, Kòlgat ak Kòlman.
2. Yo te kretyen ki te rich anpil. Men yo menm yo te kontribye anpil ak richès yo nan zafè Bondye.
3. Jenèz. 13 :5-6 ; 33 :8-9 ; 1Kwonik.29 : 1-5 ; 2Kwonik .9 :13-28

III. **Moun yo kap dekouraje moun ak vye pawòl**
Yo di konsa : « Si Levanjil te bon konsa, pouki sa gen tout mizè sa yo nan la vi a? »
Levanjelis la kap reponn konsa :
1. Mizè se konsekans peche nou. Bondye pa reskonsab anyen nan sa. Okontrè li kreye monn nan ak tout richès ladan pou byen lezòm. Men kan lèzòm jwen yo, yo bliye Bondye.
2. Nou gen reskonsablite pou fè byen yo travay, apre sa pou nou rann Bondye kont. Jenèz.2 :15
3. Lè Jezi te vini, li ofri nou la vi an abondans. Jan.10 :10
4. Nou dwe itilize talan nou yo ak entelijans pou nou reyisi nan la vi a.
5. Antanke jeran Bondye, nou dwe :
   a. Bay li glwa pou tout byenfè li yo. Sòm.103 : 2
   b. Ede moun zafè pa bon yo ak pòv yo selon mwayen nou. Mak.10 :21
   c. Mete konfyans nou nan Bondye tan pou nou ta mete l nan richès. Mak.10 : 24
   d. Sonje ke nou gen dwa jwi yo jan nou vle men nou pa dwe bliye ke se Bondye ki mèt tout byen nou posede yo. Se sa bib la di nan Sòm 24 :1

Si w pa dakò, Bondye gen dwa wete tout nan men w lè w pa kwè. Lik. 12 :18-21
Pito ou chèche Jezi pou w sove! Mak.8 :36

Pou fini

Tanpri pa bay tèt ou pwoblèm pou richès isiba. Konvèti pito. Jezi gen pi bon bagay li sere pou rou.

Kesyon

1. Nan ki bagay moun materyalis yo mete konfyans yo?
   Nan byen sou latè
2. Ki sa Jezi mande pou nou swiv li ?
   Pou nou pran kwa nou
3. Di nou kèk moun Bondye te fè rich.
   Abraram, David, Salomon, Jakòb, Esaou, Jòb
4. Pouki sa nou di ke Bondye pa reskonsab mizè nou nan monn nan?
   a. Paske li mete richès toupatou nan lemonn.
   b. Paske li te mete nou jeran byen sa yo
5. Paske li bay lòm talan ak entelijans pou fè yo travay e poul sonje ede pwochen li yo tou.
6. Ki jan Bondye dakò pou nou jere byen sa yo ?
   Pou nou toujou sonje ke nou kap jwi yo, men se li ki mèt yo.

Leson 12 Moun ki pèdi wout yo

Tèks pou preparasyon: Pwo. 24:12; Eza. 1:18; 55:8; Mat.11:28; Lik.5: 20; 16:22-26; Jan.14:6; 1Kor. 15:32; Ef.3:20; Fil. 2:13; 4:13; Ebre. 9:27; 1Jan.1:6-7; Jid 24
Vèsè pou li nan klas la: Jan.14: 1-6
Vèsè pou resitasyon : Jezi reponn li : se mwen menm ki chemen an, se mwen menm ki verite a, se mwen menm ki la vi a. **Jan.14 :6**
Fason pou fè leson an : Diskou, konparezon, kesyon
Bi leson an : Montre a moun kap tande w la ke senserite l a relijyon l pap sove l pou sa. Sèl Jezi ki kap garanti Sali nou an.

Pou komanse

Gen anpil moun ki ta byen vle konvèti men yo pa jwen moun ki pwoche yo pou bay yo Levanjil. Jezi di se nou ki limyè pou yo. Men ki moun yo ye:

I. Se moun ki di « Mwen te eseye déjà men mwen chite. »

Evanjelis kap di l:
1. Si ou te pase nan pòt relijyon, nan pòt bon zèv ou byen ou tap swiv yon moun paske ou te jwen li nan yon reliljyon, se tou nòmal ke ou kite Levanjil. E si w eseye menm jan an, wap tonbe ankò. Jid. 24
2. Gade sa Jezi di w : Li pa di pou w vinn kote ni mon pè ni pastè. Li pa di vi n nan Katolik ou byen vin nan pwotestan. Li di vini jwenn mwen. Se mwen menm sèl ki kap wete fado peche w sou ou. Matye.11 :28
3. Sispann fè jefò. Mwen déjà fè tout sa ki nesesè sou bwa kalvè a pou sove w. Bay mwen chans kounyeya pou m travay nan la vi w janm vle. Filipyen.2 :13 ; 4 :13
4. Gras a pisans Sentèspri a, li kap fè pou ou plis ke sa ou ta vle ou sa ou ta imajinen. Efezyen.3 :20
5. Alafen, li va anpeche w chite. Jid. 24

II. **Tout chemen mennen moun nan syèl**
   Evanjelis kap di l sa Bib la di:
   1. Letenèl di : Ni sa w panse, ni wout wap fè, yo pa menm ak pa m. Ezayi.55 :8
   2. Lè ou kwè ou nan bon chemen, men w twouve w nan chemen pèdisyon.
      Pwovèb. 14 :12
   3. Jezi di : Vi n jwen mwen. Li pa di al jwen monpè ni pastè, ni legliz. Matye.11 :28
   4. Nou dakò ke ou resite chak jou « Pap nou ki nan syèl la. » Pa bliye ke ou menm se pitit Adan ke Bondye te chase nan paradi a. Pou w sa tounen jwen papa Bondye, Jezi di w se li menm sèl ki gen dwa prezante w. Jan.14 :6
   5. Konnen ke syèl ak lanfè a toulede egziste. Si w pa kwè, al mande nonm rich ak pòv Laza ki nan pye verite a. Lik.16 : 22-26

III. **Jwisè yo kap viv pou kont yo**
   Yo menm yo pa kwè gen anyen apre lanmò. Se byen viv, byen mouri.
   Evanjelis la dwe di yo:
   1. Gen yon jijman kap tann yo apre yo mouri. Ebre.9 :27
   2. Pigatwa pa egziste. Pigatwa tout bon vre a se san Jezikri ki lave nou, pirifye nou de tout peche nou yo kant nou pran li pou Sovè nou. 1Jan.1 : 6-7

IV. **Mwen pap jwen syèl paske mwen fè yon peche mòtèl.**
   Evanjelis la kap di l:
   1. Jan w pale a, ou vle dakò ke konsyans ou chaje ak yon gwo peche. Ebyen, se ou menm Jezi ap tann. Li vini pou moun ki fatige e chaje ak peche yo. Li pwomèt pou l bay yo kanpo. Matye.11 :28
   2. Premye swen Jezi toujou bay a moun malad yo, se pou l di yo : Mwen padonen peche w. Se tou pa w kounyeya. Vin jwen Jezi. Lik.5 :20

3. Li di : Si peche w rouj tankou kramwazi mwen va fè l vin blan tankou nannan kokoye. Eza.1 :18
4. San Jezi gen kapasite pou pirifye nou de tout peche nou yo. 1Jan.1 :7

Pou fini

Nou ta konseye w pou pa fè neglijans ak Sali nanm ou paske pi gran glwa pou Bondye se lè li sove pi gran pechè a. Vin jwen Jezi kounyeya!

Kesyon

1. Ki moun sa nou di ki pèdi wout yo a?
   Moun ki kwè ke relijyon, bon zèv ak bèl fason yo panse kap sove yo.
2. Ki sa ki fè nou kwè gen yon vi apre nou fi n mouri?
   a. Jezi konvenk nou de sa nan istwa nonm rich la ak Laza apre yo te fin tere kadav yo.
   b. Li menm li te mouri men li resisite e li ofri nou menm bagay la tou.
   c. Fòk gen yon jijman pou rebèl yo ak yon rekonpans pou moun ki te fidèl yo
3. Ki sa Jezi te ofri a menm pi gran pechè a?
   Depi yo gen lafwa nan li, li padonen peche yo lamenm.
4. Pouki sa nou rele Bondye : Papa nou ki nan syèl la» ?
   Se paske li adòpte nou tankou pitit li depi menm jou nou te asèpte Jezi pou frè nou ak sove nou.

Lis vèsè yo

1. Se pa ou yo sèlman m'ap lapriyè, men pou tout moun ki va mete konfyans yo nan mwen lè ya tande mesaj la. Jan.17:20

2. Si pitit Bondye a bay nou libète, n'a lib tout bon. Jan.8:36

3. Pa renmen lemonn ni anyen ki soti nan le monn. Si yon moun renmen lemonn, li pa gen renmen pou Papa a nan kè li. 1Jan.2:15

4. Pa sezi si mwen di ou. Se pou nou fèt yon dezyèm fwa. Jan.3:7

5. Se konsa chak moun gen pou rann Bondye kont pou tèt pa yo. Wom.14:12

6. Se paske li renmen nou ki fè li delivre nou, nou menm ki mete konfyans nou nan li. Sa pa soti nan nou menm, se yon kado Bondye bay nou. Ef.2:8

7. Se konsa Bondye chwazi lezòm ke moun konsidere tankou moun sòt pou fè moun ki gen bon konprann yo wòn't. 1Kor.1:27a

8. Chemen ou kwè ki bon an, se li ki mennen tou dwat nan lanmò. Pwo.14:12

9. Konsa tou, Senyè bay lòd pou tout moun kap anonse bon nouvèl la, fèt pou yo viv sou kont travay bòn nouvèl la. 1Cor.9:14

10. Moun ki kwè e ki resevwa batèm va delivre. Men, moun ki pa kwè va kondannen. Mak.16:16

11. Kisa sa ta sèvi yon moun pou li ta genyen lemonn antye si l pèdi la vi li ? Mk.8 :36

12. Jezi reponn li : se mwen menm ki chemen an, se mwen menm ki verite a, se mwen menm ki la vi a. Jan.14 :6

Seri 2

Disiplin Jezikri

Avangou

Tout moun kap fè komantè sou vi Jezikri yo tout dakò pou di ke Jezi pa janm tonbe nan anyen ki sal nan sosyete a. Moun pa kap lonje dwèt sou li e li pat pè di devan tout moun : « Ki moun ki kap twouve yon bagay ki mal pou yo di de mwen ? » Nou ta mande w pou w louvri tou le kat Evanjil yo pou nou jwen yon Jezi ki tou patou, nenpòt ki lè, e nan tout sikonstans san li pa mele nan anyen ki mal. Apwe sa, mwen tap chwazi w pami moun ki pou bay opinyon w sou nonm sa ki te soti nan Galile e mouri sou bwa Kalvè a.

Pastè Renaut Pierre-Louis

Leson 1 Disiplin Jezi nan fanmiy li

Tèks pou prepare leson an : Mat.17 :1 ; Mak.1 :35-39 ; 3 :20-21 ; Jan.19 : 27 ; 20 :7-18 ; 1Ko.14 :33

Vèsè pou li nan klas la : Mak.1 : 32-39

Vèsè pou resite : Nan gran maten, byen bonè, li pat ankò fè klè, Jezi leve, li soti li kite lavil la, la l yon kote ki pa gen moun. La li t'ap lapriyè. **Mak.1 :35**

Fason pou fè leson an: Diskou, diskisyon, konparezon, kesyon

Bi leson an : montre ki jan pou nou konpòte lakay nou ak nan sosyete a dapre Jezikri.

Pou komanse

La Bib fè nou konnen ke Jezi se yon Bondye ki gen lòd ak disiplin. 1Kor.14 :33   Ki jan nou kap montre sa?   An nou kenbe Jezi konpanyen pou yon ti tan pou nou kap wè sa.

I. Gade ki sa li fè lè lap soti byen bonè
1. Nou wè li prèt pou l fè jou. Jezi kite kay la Kapènawòm tou dousman pou l ale nan yon ti kote aleka pou l priye. Mak.1 :35
2. Li pran tout prekosyon pou l pa reveye pèson nan dòmi. Se sèlman kant li fi n jou ke moun ap mande kote l pran. La menm yo tonbe chèche l. Mak.1 : 37

    Nap poze w yon kesyon : Kant ou leve gran maten, ki kantite moun ki blije leve pa fòs, parapòt ou menm sèl ki leve ?

II. Gade jan l konpòte l nan relasyon ak fanmiy l
1. Li pa janmen kite santiman fanmiy fè l fè tenten. Depi li soti,
    a. Menm si li grangou, li pap manje nan lari. Mak.3 : 20
    b. Li pap kite kliyan li ap soufri pou l al manje. Mak.3 :20-21

    Paran l yo fache poutètsa. Yo di li pa byen nan tèt. Mak.3 :21

2. Avan li trepase, li renmèt Mari manman li nan men Jan, disip li e konpanyon priyè l tou. Mat. 17 : 1 ; Jan.19 :27
3. Kan li te resisite, li pa kite kavo a andezòd. Okontrè, li ranje kabann nan avan l soti. Jan .20 :7
E ou menm ki jan ou konpote kant ou reveye ? kant ou chita atab pou w manje ? Kant ou nan lari ?

III. **Ki jan li konpòte nan kondit li kòm Bondye.**
Apre li resisite, li pat janm al fè Pilat esplikasyon. Angiz de sa, li monte jwen Papa l pou l sa bay li rapò misyon li an. Jan .20 :15-18
Ki sa ki nan tèt ou kounyeya ? Eske se lènmi ou yo pou w sa vanje ou byen travay Bondye bay ou pou w okipe ?

Pou fini
Toujou panse montre respè a moun kote n ap viv la. Fè travay nou san gade dèyè. Moun va sonje nou lè nou pa la ankò.

Kesyon

1. Konbyen moun Jezi leve nan domi lè lap soti gran maten ? Okenn moun
2. Ki jan nou kap montre sa? Tout moun kay leve al cheche l. Yo pat wè kote l te pran.
3. Montre koman Jezi te gen anpil fèb pou kliyan l yo ?
   a. Li pap kite klinik li avan lè pou l al manje.
   b. Menm si l grangou, li pap manje nan lari.
4. Ki jan paran l yo te wè sa ? Yo di l fou.
5. Ki pi gran jès li te fè a Mari avan l mouri?
   Li renmèt li nan men Jan disip li ak konpanyon priyè l
6. Di si se vre si se fo
   a. Jezi pa janm dòmi . __V __ F
   b. Li manje ankachèt. __ V __ F
   c. Pandan li sou kwa a, li mande Jan pou pran swen manman l pou li. __ V __ F
   d. Kant li te resisite, li al fè Pilat esplikasyon. ___ V __ F
   e. Kant li te resisite, li al bay rapò misyon l a papa l nan syèl la

Leson 2 Disiplin Jezi a tab

Tèks pou prepare leson an : Mat.20 :28 ; Jan.6 :-1-15, 48-51 ; 1Ko.12 : 8-10, 28 ;13 : 3 ; Ef.4 :11

Tèks pou li nan klas la: Jan.6 : 5-13

Vèsè pou resite : Lè tout moun fin manje vant plen, Jezi di disip yo : 'Ranmase tout ti moso yo, pa kite anyen gaspiye. **Jan.6 : 12**

Fason pou fè leson an: Diskou, diskisyon, konparezon, kesyon

Bi leson an : Bay nou konsèy sou disiplin nou dwe genyen kant nou envite anpil moun nan resepsyon yo

Pou komanse

Pou grangou yon lidè ka grangou, li pa dwe pèdi kontwòl nan sal resèpsyon an. Jezi te fè disip li yo konprann sa:

I. **Toudabò lidè reskonsab yo dwe fè tout moun chita** avan yo separe manje ak bweson yo.
   Jan.6 : 10-11
   1. Se pou moun yo gen pwensip pou moun sa respekte yo. Dayè mirak pagen dwa fèt nan dezòd.
   2. Yo va aprann apresye ni manje a, ni moun ki kwit li e sitou Bondye ki bay li.
   3. Konsa pap gen dezòd nan separe manje yo ak bweson yo.

II. **Apre sa yon moun va priye byen klè pou beni** manje a. Jan.6 : 11
   1. Se lè saa Bondye a mete ladan tout sa ki manke ke lezòm pa kap mete.
      a. Se li ki pral pèmèt ou dijere manje a byen. Lap nouri w menm si li pa anpil.
      b. Pouki sa Jezi fè sèvi pen an avan? Se paske pen an se senbòl kò Jezikri. Si ou pa gen kò Jezikri nan w, ou pa

gen la vi li nan ou. Jezi se pen ki bay la vi a. Mat.20 :28 ; Jan.6 : 11, 48

c. Pouki sa se pwason an li bay apre? Pwason an se senbòl nanm moun yo ki plonje nan lanmè peche yo . Jezi voye nou pou n al la pèch yo. Si se tout bon vre ou manm kò Kris, wòl ou se pou w al cheche yo pou yo sove. Jan.6 : 51

III. **Jezi vle nou evite gaspiyaj. Jan.6 :12**
  1. Ou dwe sèvi moun yo dapre kantite moun ki la. Si gen rès manje ki rete, ou dwe konsève l. Pou byen di w, senk pen ak de ti pwason yo te kont a ti gason an. Jezi te sèvi ak yo tankou yon echantiyon pou montre Papa a ki sa li bezwen. Konsa pen pou tout moun yo, se nan syèl li te soti. Se yon gras Bondye. Pèson pa gen dwa gaspiye l. Jan.6 :12
  2. Senk pen yo menm vle di senk jan de sèvis nan Legliz Jezikri a :
  Se sèvis misyonè, pwofèt ak evanjelis yo, pastè yo ak doktè yo. Ef.4 :11
  3. Douz panye yo ki te rete a vle di douz don Bondye mete nan Legliz li. Si gen yonn nan yo ki manke, devwa nou se pou nou plase komann lan nan lapriyè. 1Ko.12 : 8-10, 28 : 13 : 3
  4. Pwason yo se nanm nou genyen pou Senyè a nan sèvis Evanjelizayon.

IV. **Jezi vle nou evite pran glwa pou sa nou fè.**
Kant Jezi tande moun yo vle mete l wa, li ale nan yon mòn pou l al priye. Zafè eleksyon sa, se yon fason pou gaspiye tan l. Li pa vle anyen gaspiye. Jan.6 :15
Si resepsyon yo gate nan fèt nou yo, se paske tout moun vle yo sèvi yo yon sèl kou. Apre jodia, aprann fè moun yo chita.

Pou fini

Lidè yo, manman pitit yo, pa kite pèson kraponen nou nan sal resepsyon yo. Asèpte sèvi moun yo avan nou wè tèt nou. Konsa la pi fasil pou nou kontwole foul la e fini fèt la ak kè kontan.

Kesyon

1. Ki sa Jezi egzije disip yo fè avan li sèvi yo manje ? Li mande pou fè tout moun chita.
2. Pouki sa?
    a. Pou li pi fasil konte moun ki manje
    b. Pou moun kap pi fasil apresye manje a
    c. Pou kapab sèvi yo pi fasil
    d. Pou li dezenvite dezòd
3. Ki lè li priye pou beni manje a ? Kan tout moun fin chita.
4. Pouki li te fè sa ?
    a. Mirak la pap fèt nan dezòd
    b. Pen yo pral manje a se nan syèl li te soti.
    c. Nou dwe respekte tout sa ki soti anwo kay Papa l ki nan syèl la.
    d. Bondye ap mete nan manje a sa nou pa jwen sou la tè.
5. Ki sa pen a vle di ? Kò Jezikri ki distribye pou tout moun.
6. Ki sa pwason an vle di ?
    Nanm moun yo ki pou sove apre nou fin resevwa kò Kris la nan la vi nou.
7. Pouki sa Jezi pa vle wè gaspiyaj ?
    Paske se pen papa l ki soti nan syèl.
8. A pati de 1Kor.12 :8-10, 28 et 13 : 3 cheche non douz panye yo
9. Dapre Efezyen 4 :11 bay non senk sèvis yo

Leson 3 Disiplin li nan zafè rèspèkte lè randevou

Tèks pou prepare leson an : Jenèz. 37 :18-20 ; Mat.24: 44; 25:13; Jan.2 :3-4 ; 7 :1-8; 14 :3 ; Tra.1: 4-7; Wom.5 :6
Vèsè pou li nan klas la : Jan.7: 1-9
Vèsè pou resite : Jezi di yo konsa : Lè pa m nan poko sonnen. Pou nou, tout lè yo bon. **Jan.7 : 6**
Fason pou fè leson an: Diskou, diskisyon, konparezon, kesyon
Bi leson an : Se pou montre nou ke Jezi pa janm kouri fè anyen san li pa priye.

Pou komanse
Tan fè nou panse a letènite. Ou kap mezire tan an. Pandan Jezi ak nou nan tan an, li fè tout bagay ak mezi.

I. Menm Mari pa ka kraponen l pou l fè yon bagay avan lè.
Pandan yon maryaj ki tap fèt Kana nan peyi Galile, se trouve ke diven an te fini. Lè Mari wè sa, li mete de men nan tèt. Li di Jezi : Diven moun marye yo fini. Men nan yon ka ijan konsa, Jezi reponn ak tout sanfwa li : Se poko lè m sa pou m fè anyen. Sa vle di : Menm si kaa ijan, ou pap fè tèt mwen cho jouk mwen ta bliye priye avan mwen pran yon desizyon. Jan. 2 : 3-4

I. Menm frè li yo tou pa te kapab kraponen l.
1. Frè li yo te vle pran tèt li pou li ale nan fèt nan Jerizalem, peyi Jide. Jan.7 :4
2. Yo te konnen byen ke moun te vle touye l nan peyi saa. Jan7 : 1-3
3. Jezi reponn yo : Tout jou se jou pou nou. Mwen li, map tann lè pa m. Kidonk fòk li priye, fòk li tann desizyon Papa l. Jan.7 : 6,8
    a. Dayè menm, li pap mache ansann ak mesye sa yo

Premyèman, paske yo te gen move lentansyon kont li, tankou frè Jozèf, pitit Jakòb yo. Nou frè se vre, men relasyon m ak nou gen limit. Jenèz.37 : 18-20 ; Jan.7 :8
Dezyèmman, konvèsasyon yo ak atitid yo pat ka enterese Jezi. Li prefere ale nan fèt la pou kont li. Jan.7 :1-3

II. **Apòt yo pat kapab kraponen l pou li te travay pou yon gouvèman sou latè.** Travay.1 :7
   1. Li di yo zafè lè pou monte gonvèman mwen an se pa bagay ki regade nou. Se Papa m ki pou deside sa. Travay.1 :7
   2. Li sèlman mande yo pou yo pa deplase kite vil Jerizalèm, pou yo rete tann le Sentespri ke li te pwomèt yo. Tra.1 4

III. **Kan lè a te rive, li te vini mouri pou pechè enpi yo. Wo.5 :6**
   1. Li gen pou vin chèche nou nan lè Papa l deside. Jan.14 :3
   2. Li pa di ni ki jou ni ki lè. Li pa gen mont nan ponyèt li, men li pa janm anreta. Sèlman li di nou: «Pare nou» Mat. 24 :44 ; 25 :13

Pou fini

Pote pwoblèm nou yo bay li. Epi tann repons li. Li toujou fidèl. La reponn nou kan menm, men se nan tan pa l.

Kesyon

1. Montre ke Jezi pa pran nan presyon pyès moun
   a. Li pat kouri obeyi Mari jouk tan li ta fè mirak pou yo avan lè.
   b. Menm si moun marye yo te gen ijans, li pa pran nan presyon yo. Men li gen solisyon an pou yo.
   c. Li pa kite frè li yo kraponen l jouk tan li ta riske vi li nan yon vwayaj avan lè.
   d. Li kouri dèyè apòt yo ki te vle mete nan tèt li pou monte yon gouvèman sou tè a.
   e. Sa ki ijan pou nou , pa ijan pou Bondye
   f. Li di tout moun ke li gen lè pa l pou l aji.
2. Pouki sa Jezi pat vle mache ansanm ak frè li yo ?
   a. Yo pat fè Jezi konfyans.
   b. Yo te gen move lentensyon kont Jezi nan kè yo.
   c. Vye pawòl kap soti nan bouch yo pat kapab enterese Jezi. Sa te kapab entèwonp li nan priyè li.
3. Di nou ki kalite mont Jezi a lezòm genyen
   a. Lezòm sèvi ak mont pou regle tan
   b. Jézi pa gen mont.
   c. Lap fonksyonen dapre pwensip etènite, men li pa janm anreta.

Leson 4 Disiplin li nan rèspè pou moun ki sou tèt li

Tèks pou prepare leson an : Mat. 3 :13-15 ; 6 :9 ; 12 :24 ; Lik.7 :30 ; 10 :37b ; 23 :31 ; Jan.3 :3-7 ; 4 :6 ; 5 :19 ; 8 :29 ; 10 :31 ; 11 :39, 44 ; 19 : 28,30 ; 1Ti. 2 :5

Vèsè pou li nan klas la : Jan.7 :14-18

Vèsè pou resite : Si yon moun deside fè sa Bondye vle, la konnen si bagay m'ap moutre yo soti nan Bondye osinon si se pawòl pa m m'ap pale. **Jan.7:17**

Fason pou fè leson an: Diskou, konparezon, diskisyon, kesyon

Bi leson an : Toutotan ke Jezi tap viv nan kò saa, li te vle bay egzanp ke li soumèt li anba Papa l ki piwo nan syèl la.

Pou komanse

Bagay Jezi fè montre ke li se Bondye. Pèp la te sezi e menm yon gwo doktè la lwa tankou Nikodèm te blije reflechi. Epoutant, li pa enpoze l nan yon fason pou fè pale de li. Li te prefere viv nan nou e ansanm ak nou. Jan.3 : 3,7

I. **Pou li montre li respekte pwensip, li vle pito ke se JanBatis ki te batize l.** Mat.3 :13-15

   Poutan, Jezi pat bezwen batize paske li pat yon pechè. Li te vle bay tèt li tankou yon egzanp. Konsa li te jwen rezon pou kondanen farizyen yo ak sadiseyen yo ki pat dakò pou Jan te batize yo. Se konsa Bondye te anile tout plan li te gen pou moun sa yo. Lik.7 :30

II. **Jezi pap fè pou rou sa ou kap fè ou menm pou tèt ou.**
   1. Li fè Mat konprann ke si li vle frè l soti nan kavo a, li dwe debrouye l pou l sa woule wòch la. Jan.11 :39,44
   2. Se yon fason tou pou di l ke si li vle mirak fèt pou li, fòk li kontribye ak lafwa l.

III. **Li pa fè anyen san l pa pale ak Papa l. Li nan Papa a e Papa a nan li tou.**
   1. Kan li di li fè tout bagay pou fè Papa l plezi, li annik obeyi a tèt pa l, paske li pa kapab trayi pwòp tèt pa l.
   2. Li vle trase egzanp lobeyisans la nan li menm pou nou swiv li.
   3. Li montre nou pou nou konsekan ak tèt pa nou avan pou nou mande lòt moun pou swiv nou. Jan.8 :29

IV. **Pandan li te sou tè saa, li tap travay nan de dimansyon.** Yon dimansyon fizik, yon dimansyon èspirityèl. Tout sa se te pou bay nou yon egzanp.
   1. Nan dimansyon fizik li, li soufri swaf ak grangou ; li te konn fatige. Yo te imilye l, yo pèsekite l jouk yo touye l.
   Li di disip yo: si mwen ki bwa vèt la se sa yo fè m, e nou menm ki bwa chèch la? Mat.12: 24; Lik.23 :31; Jan.4 :6; 10:31; 19: 28, 30
      a. Nan dimansyon èspirityèl li : Li imite Papa l ki piwo nan syèl la. Jan.5 :19
      b. Li sèvi ak bagay nou wè, bagay nou konnen pou eksplike nou bagay nou pa wè , ke nou pa konnen.
   c. Konsa, kant senk pen ak de pwason yo nou te wè a te fini, li te gentan fè pwovizyon pou plis ke senk mil gason ak madanm ak pitit yo. Li gentan dedwanen yo gras a pozisyon li ant nou ki fini ak yon Bondye ki enfini. 1Ti.2 :5
   d. Li te bezwen sèlman priye sou yon bagay pou nou kap wè gwosè l ak kantite l chanje. Tout sa fèt paske li obeyi a «Papa l ki nan syèl la.». E nou menm, li mande nou pou nou fè menm jan tou. E ki sa ki anpeche nou? Mat.6 :9; Lik.10:37b

Pou fini

An nou respekte moun ki sou tèt nou. Konsa na travay tankou nan yon konbit pou byen tout moun e pou glwa Bondye.

Kesyon

1. Jwen bon repons yo nan koze sa yo :
Jézi te batize
   a. Eske li te fè yon peche ke Jan sèl te konnen ?
   b. Eske se te pou bay nou egzanp
   c. Eske se te pou l montre tout moun ke yo dwe asepte mesaj Janbatis ?
   d. Eske se pou li fèmen bouch lwijanbroje yo ?
2. Pouki sa li te mande Mat pou woule wòch la sou tonb frè li Laza?
   a. Jezi pap fè pou rou sa ou kap fè pou tèt pa w.
   b. Ou dwe aji fwa w si ou vle Bondye fè mirak pou rou.
3. Ki rezon Jezi te genyen pou l te fè volonte Papa l ?
   a. Se yon fason pou li te obeyi a pwòp tèt pa l. Li se Papa li ye tou.
   b. Li pa kapab trayi pwòp tèt li.
   c. Tan ke nou nan kò saa nou dwe bay egzanp obeyisans avan nou kap mande lòt moun pou swiv nou.
5. Ki jan nou kap montre ke Jezi tap aji nan de dimansyon?
   a. Li tap fonksyonen sou yon dimansyon fizik: li te konnen tout sa nap pase yo jouk li rive mouri.
   b. Li tap fonksyonen sou yon dimansyon espirityèl: Li aji dapre Papa l ki nan syèl. Li sèvi ak bagay nou wè e nou konnen sou tè a pou eksplike nou bagay nou pa konnen e nou pa wè nan syèl la.

Leson 5 Disiplin li nan travay

Tèks pou prepare leson an : Mat.17 :1-3 ; Mak.1 :35-40 ; 6 :30-31 ; 7 :24-30 ; Lik. 2 :49 ; 4 :38-43 ; 5 :1-3 ; 6 :12-13 ; 10 :1
Vèsè pou li nan klas la : Lik.4 : 38-44
Vèsè pou resite : Apre solèy te fin kouche, yo mennen tout moun malad ak tou moun ki t'ap soufri divès maladi bay Jezi. Li mete men l sou tèt yo tout, li geri yo. **Lik.4:40**
Fason pou fè leson an: Diskou, diskisyon, konparezon, kesyon
Bi leson an : Montre ki jan Jezi wè bezwen de yon vakans lè yon moun fin travay.

Pou komanse
Jezi pap betize kant li te di ke li vin pou mennen biznis Papa l. Lik.2 : 49.

I. **Dabò li komanse ak lapriyè**
1. Kant li pra l travay tout jounen. Mak.1 :35
2. Kant li pra l chwazi disip li yo. Lè sa li fè yon vèy de nwit. Lik. 6 :12-13

II. **Li pa bouke travay, menm si li pat manje anpil**
1. Kant li fin geri bèlmè Pyè anba yon gwo la fyèv, madanm sa gentan leve al prepare yon soupe pou li. Lik. 4 :38-39
2. Depi li fin pran repa saa , li komanse geri moun nan Sal ijans la depi solèy kouche jouk li jou. Lik. 4 :39-42
3. Kan solèy leve, olye li al kouche, li ale yon kote aleka pou li pran yon ti souf. Men sa pat mache paske tout moun te fou ap chèche l. Lik.4 : 42

III. **Li fè tout kalite bagay nan travay li**
Apre li fin geri kantite moun:
1. Li soti pou li preche Levanjil la toupatou. Li di menm ke se pou sa li te vini nan monn saa . Lik.4 :43

2. Li preche anplenè, bò dlo Jenezarèt, tou patou nan ti bouk yo, nan tout peyi Galile ak nan Sinagòg yo. Mak. 1 :38-39; Lik.5 :1-3
   3. Li chase move zespri nan tèt moun yo. Mak.1 :39

IV. **Men li prevwa tou vakans pou etidyan li yo**. Mak. 6 : 30-31
   1. Li prevwa yon kote aleka pou li medite ak konpayon priyè li yo. Mat.17 :1-3
   2. Li prevwa yon moman rekreyasyon pou ekip evanjelizayon li yo. Mak. 6 :30-31
   3. Ti moso fanm nan peyi Siri ak Fenisi a pat jwen li paske li te pral pran yon ti kanpo. Mak.7 :24-30
   4. Kan li te vle rete pou kont li , li delege disip yo pou yo ale kote li menm te dwa ale. Lik.10: 1

Pou fini

Jezi dakò pou nou gen vakans, pou nou pran desip nou, depi nou dakò tou pou li alatèt nou. Ki sa nou gen pou nou pa envite l ?

Kesyon

1. Koman Jezi administre travay li?
   a. Li komanse ak jenn ak la priyè
   b. Apre sa li chwazi moun ki pou travay ansanm avè l.
   c. Apres sa li soti pou l al fè Etid biblik e pou l preche tou
2. Montre ki jan li pat manje anpil.
   a. Apre li fin soupe kay bèlmè Pyè, li pase tout lannwit ap geri malad
   b. Avan solèy leve li ale preche toupatou
3. Koman li konsidere travay ak vakans?
   a. Li prevwa jou konje pou klas li a.
   b. Li prevwa moman de meditasyon pou konpayon priyè li yo.
   c. Il prévwa lè pou li rete pou kont li.
4. Pouki sa li pat dispoze wè fanm Siri ak Fenisi a?
   a. Li te vle montre nou ke nou bezwen respekte jou konje nou.
   b. Montre nou ke kò a bezwen repo tou
   c. Sa pa anpeche ke li kite ti repo a pou li ale sove yon nanm.
5. Eske Jezi dakò ak piknik nou yo ? Wi li dakò ak yo depi nou sonje envite l.

Leson 6 Disiplin li nan aktivite sosyal

Tèks pou prepare leson an: 1Sam.2:8; Mat. 10: 5-7; 11:28;Mak.2:15-17;Lik.5:29-30;10:38-42;18:35-43;19:7-10; 23:39-43;Jan.2:1-12;3:1-7;4:6-7; Wo.3:23; 6:23

Vèsè pou li nan klas la : Mak.2 :15-17

Vèsè pou resite : Lè yon moun an sante, li pa bezwen dòktè. Enben, mwen pa vin rele moun kap mache dwat devan Bondye yo, men moun k'ap fè sa ki mal yo. **Mak.2 : 17**

Fason pou fè leson an: Diskou, diskisyon, konparezon, kesyon

Bi leson an : Montre ke Jezi pat gen prejije.

Pou komanse

Si w kwè ke Jezi te yon moun ki mete kò l akote, ou met bliye sa. Ki jan pou l ta limyè lemonn pou l pa ta mete l nan mitan yo? An nou wè ki jan l te konpote l.

I. Li asepte tout envitasyon yo fè l.

1. Li patisipe nan maryaj zanmi Mari yo nan bouk Kana. Jan.2: 1-2
2. Li patisipe nan bankè Lévi ki te rele Matye. Mak.2 : 15
3. Li manje souvan kay Mat ak Mari nan bouk Betani. Lik.10 :38-42

II. Li fè bèl jan ak tout moun

Li rele tout moun pou vin jwen li. Li di : « Tout moun ki bouke, fatige, nou mèt vin jwen mwen. M ap soulaje w. » Mat.11 :28. Pouki li di sa?

1. Se paske gen moun ki pa la sosyete akòz movèz kondit yo ou byen paske yo malere. Jezi dakò pou chanje kondisyon yo. 1Sam.2 :8
2. Gen moun sosyete a pa wè ditou. Yo pa gen kat didantite, yo pa gen asirans, yo pa gen byen. Se mandyan ou byen voryen yo ye.

3. Jézi rele yo tout paske yo gen yon nanm tankou tout moun pou yo sove. Wom.3 :23 ; 6 :23
4. Jezi pra l sèvi ak yo pou al chèche tout jan de moun ki te frekantasyon yo. Men ki jan de moun yo ye :
   a. Se moun ki fè kò yo tou piti : Se pibliken, moun movèz vi, move mès, avèg ak pòv mandyan. Jezi asepte yo tout. Li menm asepte yo rann li sèvis. Li apiye bay yo chita nan kote yo envite l manje. Lik.5 :29-30
   Poutan kant li te dwe koze ak jennès Samari a, li fè li anpeblik, gran lajounen pou li pat sal repitasyon l. Jan.4 : 6-7
   b. Se moun ki save yo : li pase preske tout yon nwit pou fè lekòl mèt Nikodèm sou bagay èspirityèl. Jan. 3 : 1-7
   c. Se moun ki pa gen non yo: Li te gen tan pou Batime, yon pòv avèg. Li te gen tan tou pou Zache, yon nonm ki pat gen okenn repitasyon. Lik.18 :35-43 ; 19 :7-10
   d. Se payen yo tou. Nan tan sa, se te komsi ou te vyole lwa jwif yo si ou resevwa yon payen. Jwif yo pat gen relasyon ni ak payen ni ak samariten. Mat. 10 :5-7
   e. Pandan li te sou bwa Kalvè a, li te mennen konvesasyon ak yon volè. Lik. 23 : 39-43

Pou fini

Si w ta gen prejije koulè, ras ou byen konesans, ou pa kap frekante Kris paske ou montre ke ou pi bon moun pase l. Nou ta konseye w mete dlo nan diven w.

Kesyon

1. Ki jan nou wè Jezi nan sosyete nou an?
   a. Li patisipe nan fèt yo
   b. Li réponn a envitasyon pou manje kay moun.
   c. Li manje ak moun sosyete a pat bay valè.
2. Eske Jezi te democrat ou byen repibliken?
   Li te toulede.
   a. Li enterese a tout moun pou l sa sove tout moun.
   b. Li patisipe nans sosyete nou an san prejije. Li pran tout moun pou moun.
   c. Li kite menm jennès yo bay li atansyon e li te asèpte sipotè bay kòb a gwoup li a.
   d. Li peye enpo ak taks Leta mande.
3. Pouki sa li te pran tout moun pou moun ?
   a. Paske li di li renmen tout moun.
   b. Paske li te vini pou sove tout moun.
   c. Paske li te fè menm depans la pou sove tout moun.
   d. Paske li te vle sèvi ak tout moun pou sove tout moun nan ran tout moun.
4. Ki konsèy ou ta renmen bay a moun ki rasis ?
   a. Yo ta dwe mete dlo nan diven yo.
   b. Jezi renmen tout moun, li mouri pou li sove tout moun
   c. Tout moun gen dwa pou yo sove.
5. Bay kèk moun ki enterese Jezi:
   Moun ki fè yo piti, moun ki save, moun ki vakabon, pov mandyan, moun sosyete a pa bezwen, tout moun pou n fin pale.

Leson 7 Disiplin li nan zafè Leta

Tèks pou prepare leson an : Eza.8 :23c ; Mat. 13 : 53-58 ; 15 :24 ; 17 :24-27 ; 22 :17-21 ; 20 :25 ; Jan. 1 :12 ; 3 :16 ; 4 :22 ; 6 :32-33 ; 8 :23 ; 18 :36 ; Travay. 13 :46 ; Wom.1:16 ; 11 :24
Vèsè pou li nan klas la : Mat. 17 : 24-27
Vèsè pou resite : Lè sa a li di yo : Bay Seza sak pou Seza, bay Bondye sak pou Bondye. **Lik.20 :25**
Fason pou fè leson an: Diskou, diskisyon, konparezon, kesyon
Bi leson an: Montre ki jan Jezi te fè pati de vi politik peyi Izrayèl la nan tan li tap viv ladan an

Pou komanse
Pat janm gen yon lè ki te rive pou Jezi te rale kò l sou sa kap pase nan peyi l.

I. **Tankou yon bon sitwayen, li egzèse dwa sivik li**
   1. Li peye enpo e li ankouraje disip li yo pou yo fè sa. Mat.17 :24-27
   2. Li ankouraje yo peye taks gouvèman women egzije paske nan tan saa, Izrayèl te sou kont gouvèman Women an. Mat. 22: 17-21

II. **Li pa travay yon sèl kote.**
   1. Li di:moun peyi w pa bay ou valè. Mat. 13: 53-58
   2. Syèl se limit li. Jan.8 :23
   3. Li fè plis ke sa lòm ka fè : li ofri nou syèl la. Jan. 6 : 32-33 ; 18 : 36
   4. Li preche a payen nan bouk Betsayida. Es.8 :23

III. **E poutan li di ke li te vini pou sove ti mouton yo nan peyi Izrayèl.** Mat. 15 : 24
   1. Lè li te kouri deyè fanm Siri ak Fenisi a, se te pou montre yon epòk de ministè li.
   2. Dayè li prevwa sove tout moun. Jan.3:16

3. Tankou yon ti branch ou grefe nan yon pye bwa, se konsa tou payen yo grefe nan Jezikri ki manman pye a. Se sa kap pèmèt yo pote bon fwi. Wom.11:24
4. Kant li di Sali a soti nan Jwif, sa vle di Jezi soti nan ras jwif. Malerezman, Jwif yo pat asepte li pou Mesi a. Jan.4:22 ; Wom.1:16

   Jan di : Pawòl pran yon kò pou li abite pami nou. Li vin pami jwif yo men jwif yo pa resevwa l. Men li pran pou pitit Bondye tout moun ki kwè nan li. » Jan.1:12
   Se sa ki fè Pyè tal bay Levanjil la a payen yo. Tra.13:46

Pou fini

Jezi mete twa bagay ki enpotan devan nou: Bondye, fanmiy nou ak patri nou. An nou sèvi touletwa ak fiète, ak onè e respè.

Kesyon

1. Ki jan nou kap di ke Jezi te yon bon sitwayen?
   a. Li te peye enpo. Li ankouraje disip yo pou yo fè sa tou.
   b. Li peye taks a gouvèman women an
2. Li di: Bay Seza sa ki pou li, bay Bondye sa ki pou li.
3. Koman li wè ministè li nan milye jwif la?
   a. Li di yo : Moun kay ou pa bay ou valè
   b. Li dwe kite teritwa sa pou l a l bay Levanjil la lòt kote.
   c. Li vin ofri nou yon patri nan syèl la.
4. Eske gen yon kontradiksyon ant sa Jezi te di a fanm Siri ak Fenisi?
   a. Non. Deklarayon sa se te pou yon epòk nan ministè li.
   b. Li te vin chèche e sove sa yo ki te pèdi a
   c. Li vin pou li sove tout moun.
5. Ki sa mo sa vle di : « Se nan jwif yo Sali a soti» ?
   Se paske Jezi ki Mesi a te soti nan ras Jwif.
6. Ki privilèj yon kretyen genyen nan Kris?
   a. Li vin piti Bondye
   b. Li jwenn la vi etènèl
7. Ki jan Jezi dakò pou tout moun fonksyonen ?
   Yo dwe sèvi Bondye, fanmy yo ak patri yo

Leson 8 Disiplin li nan zafè profesi yo ki pou akonpli

Tèks pou prepare leson an: Sòm. 22; 2-19; Eza. 7:14; 53:1-12; Zak. 11:12-13; Mat. 1 :22-23 ; 5:18; 6 :10 ; 17 : 3-4 ; 20 :17-20 ; 27 : 2, 9 , 46 ; 28 :18 ; 24 : 4-14 ; 27 : 1-9 ; Mak.3 :35 ; Jan.3 :35 ; 4 :34 ; 6 :40 ; 16 :13 ; 19 : 24-30 ; 20 :25 ; 1Tim.2:5-6; 2Ti. 3: 1-10; 4:3; 1Pyè.1:19-20

Vèsè pou li nan klas la : Mat. 6 :9-15

Vèsè pou resite : Jezi di : Manje pa'm se fè volonte moun ki voye m lan. Se pou m fin fè travay li banm fè a. **Jan.4 :34**

Fason pou fè leson an:Diskou, diskisyon, konparezon, kesyon

Bi leson an : Montre ki jan Jezi pa nan jwèt ak misyon li te gen pou li akonpli

Pou komanse

Kan Jezi vini sou planèt saa, li mache ak yon pwogram tou bati. Nou kap konprann sa dapre yon seri de deklarayon ke l fè.

I. **Premye deklarasyon : Li di: « Se dekwa pou l fè volonte Papa l »**
   1. Kant li te lese twon li nan syèl la, li di ke li vini ak tout pouvwa pou bay e wete nan syèl ak sou la tè. Mat.28 :18 ; Jan.3 :35
   2. Li te vin sitou pou fèmen dosye Lalwa ki te nan men Moyiz ak dosye pwofèt yo ki te nan men Eli. Mat. 5 :18 ; 17 : 3-4
   3. Pandan li te sou kwa Kalvè a, li te siyen dosye sa yo ak san li e li di byen fò: «Bagay sa yo resi fini atò.» Jan.19:30
      a. Volonte Papa m se ak sa m viv. Jan.4 :34 E li di : « Volonte papa m fèt kant nenpòt moun kwè nan mwen pou yo gen la vi etènèl. Jan.6 :40
      b. Nan priyè li te montre nou, li di : « Papa, ke volonte w fèt sou tè sa tankou sa fèt nan syèl la. Mat 6 : 10
      c. Pou l fini li di : « nenpòt moun ki fè volonte Papa m se frè m li ye.». Mak.3 :35

II. **Dezyèm gwo deklarasyon** : « Pou ke sa Bib la di a tout moun ka wè li akonpli.» Sa vini tankou yon chanson nan Nouvo Kontraa.
   1. Witsanzan (800) avan Jezi te vini, pwofèt Ezayi te di ke Jezi gen pou vini e se yon tifi ki vyèj ki va manman l. Eza.7 :14 ; Mat 1 :22-23
   2. Menm Ezayi saa di ki jan li pral soufri. Eza.53 :1-12
   3. Nan Sòm 22 David bay detay sou fason yo va krisifye l.
   4. Bondye! Bondye! Pouki sa ou bandonen m ? Li tap pale pou kont li sou kwaa. Sòm.22: 2; Mat.27 :46
   5. Yo te vann li pou trant pyès lajan.Zak.11:12-13;Mat.27 :9
   6. Tout moun ki wè m ap pase m anba rizib. Sòm.22: 8; Mat. 27 :2
   7. Gen yon kòlonn toro bèf kap begle otou de mwen. Yo louvri gagann yo byen gran kont mwen. Sa se farizyen yo ak Pilat kant yo tap vèkse Senye a. Sòm.22 : 13
   8. Men yon kòlonn chyen ki bare m. Yo pèse menm ak pye m... Sa se sòlda women yo ki tap maltrete l. Sòm.22 : 17 ; Jan.20 :20-25
   9. Yo goumen pou pran rad mwen. Yo pase l nan lotri. Sòm.22 : 19 ; Jan.19 :24

III. **Twazyèm gwo deklarasyon**. Sila soti nan bouch Pyè:
   1. Jezi se ti mouton Bondye te resève depi avan monn sa pou sove le monn. 1Pyè.1 :19-20
   2. Li pa kapab fè lèd nan denye moman pou ta bay yon lòt moun nan plas li. Jan.3 :16
   3. Si li ta refize monte sou kwaa, se mwen menm ak ou ki ta dwe monte pou peye konsekans peche nou. 1Ti.2 :5-6

IV. **Se davans li bay apòt yo tout detay:**
   1. Ki jan li pral kite yo, ki jan li pral resisite e ki jan li pral monte retounen nan syèl kote li te soti. Mat.20 :17-19
   2. Li pale de Sentespri ki pral di yo tout verite nèt sou li. Jan.16 : 13

3. Li pale yo de tout evènmen ki pral pase avan li tounen.
   a. Koman peyi yo pral ye : Ap gen gè, grangou ak sechrès Mat. 24 : 6-8
   b. Koman kè lezòm pral ye: yap kòwonpi, vyolan, yo pa renmen Legliz, yo renmen lajan anpil. 2Ti. 3 :1-10
   c. Koman yap chite: anpil moun legliz ap pèsevere san yo pa gen fwa nan Bondye. Yo pito tande moun kap di gwo bagay yo pa menm ka konpran. Sa lakòz yo tonbe nan tout tenten. Mat. 24 : 11 ; 2Ti. 4 :3

Pou fini

Si jiska prezan gen bagay nou poko kap konprann, nou pa bezwen touye tèt nou pou sa. An nou fè Jezi konfyans dapre sa li fè pou nou dejà.

Kesyon

1. Pouki sa Jezi te vini sou planèt nou an ?
   a. Pou fè volonté Papa l
   b. Pou fèmen dosye Ansyen Tèstaman an
   c. Pou sove lòm
2. Ki kalite pouvwa li te genyen?
   Li bay li tout pouvwa nan syèl tankou sou la tè.
3. Ki moun ki te pale davans de sa ki te gen pou l soufri ?
   David ak pwofèt yo
4. Ki sa Jezi te kap fè pou l dezenvite lanmò saa ?
   Li te kap denonse nou tankou koupab tout bon yo pou nou te sibi konsekans peche nou yo.
5. Pouki li pat fè sa?
   Paske li te vini pou l cheche e sove pechè pèdi yo.
6. Ki dènye enfòmasyon li te bay apòt yo
   a. Li te bay yo detay sou mò li, rezireksyon li ak monte li tounen nan syèl la.
   b. Li bay yo detay sou sa ki pral pase avan li tounen
   c. Li bay yo kèk siy yo va wè.

Leson 9 Disiplin li sou fen monn saa

Tèks pou prepare leson an: Mat. 19:28; 24:21-28; 25: 13, 41; Jan.3:17; 1Ko. 6:2; 15:51-57; 1Tès.4:13-18; 2Ti.3:1-10; Ebre. 12 :10-11; Rev.2 :4, 10,20; 3:1,8, 15-17; 6 :16-17; 7 :15; 20:4; 21: 4-10; 22 :14-15

Vèsè pou li nan klas la : 2Ti. 3 :1-10

Vèsè pou resite : Apre sa Jezi di yo : Se pou tèt sa, pa kite dòmi pran nou, paske nou pa konnen ni ki jou ni ki lè sa va rive. **Mat. 25 : 13**

Fason pou fè leson an : Diskou, diskisyon, konparezon, kesyon

Bi leson an : Ede kretyen yo louvri zye yo sou sa kap pase nan dènye tan an.

Pou komanse

Se tou nòmal ke meteo yo bay nouvèl sou move tan. Men nap mande ki sa yo konnen sou sa kap pase nan dènye tan an ? Mwen pa kwè yo konnen anpil sou sa. Yo pa gen aparey pou detekte bagay sa yo. Pito nou ale nan lekòl Jezikri a. Na konn tout bagay.

I. **Jezi enstri nou sou fen monn saa.**
   1. Li te prevwa destriksyon vil Jerisalèm nan. Sa te pase nan lane 70 kan jeneral Titis te soti nan peyi Women an pou vin demoli l. Mat. 24 :2
   2. Li te prevwa anpil dega sou latè ak sekous tranbman tè, grangou ak epidemi.
      a. Gwo lagè alawonbadè.1914-1918;1939-1945
      b. Vakabonday dènye klas (amou pou lajan, gason fanmòt, moun fè sèks ak zannimo , ti moun pa gen respè pou gran moun, vi banbòch, kontrebann, fo kretyen alamòd. 2Ti.3 :1-10

III. **Li voye pou nou yon Albòm ki gen foto sèt Egliz** pou montre nou ki jan levanjil la pral ye nan dènye tan.

Poutan, Legliz sa yo te egziste tout bon vre nan peyi Lazi Minè. Yo te sanble tèt koupe ak legliz Jezikri a nan diferan fason.
1. Legliz Efèz vle di legliz chaje ak fo kretyen. Rev.2 :4
2. Legliz Esmyn vle di legliz anba pèsekisyon. Rev. 2 :10
3. Legliz Pègam vle di Legliz ki an fayit. Rev.2 :14
4. Legliz Tiyati vle di Legliz ki nan melanj. Li kowonpi, li nan sipèstisyon. Rev. 2 :20
5. Legliz Sad vle di Legliz ki mouri. Yo pa bay Jezi okenn rèspè nan Legliz saa. Rev.3 :1
6. Legliz Filadelfi vle di Legliz ki reveye. Yo jene, yo priye, yo konfese, yo repanti, yap sèvi Bondye tout bon. Rev.3 :8
7. Legliz Lawodise vle di legliz ki sou blòf, li pa kanpe sou anyen. Rev.3 : 15-17
Si nou gade byen, se sèl Legliz Esmin ak Filadèlfi Bondye pat repwoche. Li bay tout lòt yo avètisman pou yo prese chanje kondit yo.

IV. **Li enstri nou sou jan legliz pra l anlve.**
Mat. 24: 21-28 ; 1Ko.15 : 51-57 ; 1Tès.4 : 13-18
Jezi pral vin anlve legliz li nan mitan gran tribilasyon an. Lap parèt tankou yon gwo kout zeklè. Mat.24:27
1. Kris ap gen pou li diminye nan jou tribilasyon yo pou pwoteje lafwa kretyen yo pou yo pa chite. Mat.24:22
2. Gen yon Akanj ki va bay yon anons. Jezi menm li pral sonnen twonpèt li pou mò an Kris yo leve. 1Tès.4 :16
3. Nou menm ki vivan nou pap pase pa la mò. Nou pral chanje nan yon bat je. 1Kor.15 : 52
4. Nou pral leje tankou yon ti pay pou nou monte al rankontre Kris anlè a. 1Tès.4 :17
5. Nou pral fete ak Kris pandan mil ane. Rev.7 :14-17 ; 20 : 4-6
6. Se nan moman sa nou pral resevwa enstriksyon sou ki jan nou pral jije douz tribi Izrayèl yo, ak enkredil yo ak anj yo tou ki te chite yo.   Mat.19 :28 ; 1Kor.6 :2

Pou fini

Avan jou sa yo rive, an nou kenbe fèm nan fwa nou pou nou pa pran wont nan dènye jou a.

Kesyon

1. Ki sa moun kap bay nouvèl sou move tan yo pa kap konnen ?
   Yo pa gen aparey pou detekte sa ki va rive nan fen monn sa.
2. Ki sa Jezi di nou de sa ki gen pou pase ?
   a. Li te prevwa destriksyon Tanp Jerizalem nan. Sa te rive nan lane 70.
   b. Li te prevwa gwo dega nan lanati, gwo lagè ak anpil movèz vi toupatou.
   c. Tout sa se sin ke li pa lwen pou l vini.
3. Ki sa sèt legliz nan lazi Minè yo reprezante
   Yo reprezante sèt fason legliz nan le monn antye ap aji nan denye tan an.
4. Bay nou de legliz ke Bondye pat repwoche :
   Esmin ak Filadèlfi
5. Ki sa li te di a lòt Legliz yo? Li bay yo avètisman pou yo chanje kondit yo

Leson 10 Disiplin li sou dèsten planèt nou an

Tèks pou prepare leson an : Jen. 7 :16 ; Mat. 25 :41 ; Jan.3 :17 ; Ebre 12 :10-11 ; 2Pyè.3 : 9-10 ; Rev. 6 :16-17 ; 7 :15 ; 20 :4 ; 21 :4-10 ; 22 : 14-15
Vèsè pou li nan klas la : Rev. 6 : 12-17
Vèsè pou resite: Yo tap pale ak mòn yo ansanm wòch yo tankou ak moun. Yo tap di: Tonbe sou nou. Kache nou pou moun ki chita sou fotèy la pa wè nou, pou kòlè ti Mouton an pa tonbe sou nou. **Rev.6:16**
Fason pou fè leson an: Diskou, diskisyon kesyon, konparezon,
Bi leson an : Se pou bay yon dènye avètisman a moun kap fè « mache nwa » ak nanm yo pandan ke pòt gras Bondye a preske fèmen.

Pou komanse

Si w pa fè okenn pwojè pou w al viv nan syèl, li pa nesesè pou w rete sou leson saa. Si omwen ou ta renmen konnen ki kote ou pral ye yon minit apre w fin mouri, kounyeya ou gen dwa pran tou yon minit pou w reflechi ak nou sou sa nou pral di w laa. Men sa ou pral konnen:

I. Tè ou sou li kounyeya pral disparèt anba dife. 2Pyè.3 :10
   1. Jezi pral resevwa kretyen lè saa nan gwo maryaj li ak legliz. Rev.7:15
   2. Yo tout pral gen yon remak sou fontenn yo. Men moun ki va gen mak Bèt la sou fontenn yo, Jezi pral lage yo nan boukan dife ansanm ak Bèt la ak fo pwofèt la. Rev.20 :4
   3. Jezi pral seche tout dlo ki nan zye nou. Se lè sa nou va konnen ki jan Jezi galan. Rev.21 :4
   4. Li va pwonmennen ak nou nan Jerizalèm anwo a. Zafè kriye pou moun mouri a, sa fini. Tout bagay chanje. Rev.21 :10

II. **Se dènye jou a sèlman lap tann pou l jije lemonn.**
Se domay ke nou pi prese pase l pou nou déjà komanse ap jije moun. Jan.3 : 17
1. Zeprèv yo nou gen jodia se avètisman yo ye ak egzotasyon pou nou ranje zafè nou ak Senyè a. Ebre.12 : 10-11
2. Bondye pran anpil pasyans ak nou. Li pa vle pèson peri, men li vle tout moun repanti pou yo jwen syèl la. 2Pyè.3 :9

II. **Li ofri la vi pou toutan gen tan a tout moun**
1. Bondye pat deside voye w nan lanfè. Se ou menm ki refize ale nan syèl. Mat.25 :41
2. Pòt gras Bondye li louvri toujou. Montre ke w pi entelijan ke moun yo nan tan Noye a. Si w vle byen konnen, Noye te bati bato a, men se Bondye li menm ki kadnase pòt la. Jenèz .7 :16 ; Rev.22 :14-15
3. Nou bay ou Levanjil pou envite w antre nan pòt saa, men se Bondye li menm ki pra l deside ki jou lap vin cheche Legliz li. Kan pòt gras la fèmen, ou pral nan dezolasyon. Lè sa ou te mèt rele anmwe, Bondye pap reponn ou.
Koute rèl kèk moun:
Mòn yo, woch yo tonbe sou nou ! Sere nou pou nou pa tonbe anba kolè Senyè a ki chita sou twon li an. Nou pa kapab sipòte kòlè li pou jan li fache kont nou. Rev.6 :16-17

Pou fini
Si ou ta vle fè yon rezèv pou demen, mwen ta konseye w mete vi w nan Bank Senyè a. Lè ou va gade nan depo w ou va jwen se la vi etènèl ki pwofi w ladan. Sove kash sa pou w sa jwi l.

Kesyon

1. Ki sa ki va rive latè ? Li pral disparèt anba dife
2. Kote kretyen yo pral ye lè saa ? Yap fete ak Jezikri.
3. Koman pou w sa rekonèt kretyen yo ? Yo tout ap gen mak Jezi sou fontenn yo.
4. Ki bèl jès Jezikri pral fè ak yo ? Li pral seche tout dlo nan zye yo
5. Pouki sa nou gen eprèv yo? Pou nou pran konsyans pou nou gen tan repanti.
6. Pouki sa gen moun ki pral nan lanfè? Paske yo deside pou yo refize ale nan syèl.
7. Ki jan yo pale de kolè Bondye ? Yap chèche lanmò yo pa jwen li. Yo pè anpil kant yo wè ti mouton an fache kont yo.»

Leson 11 Ki sa ki genyen ojis nan Disiplin saa

Tèks pou prepare leson an: Mat. 7:28-29; Mak.5:21-23, 42-43; Lik.7:11-15; 24:5-7; Jan. 1:4; 5:19-29, 39-40; 11:25, 42-44; 14:3-11; Wom.5:1; 8:1; 2Ko.5:10; Ebre.4:13

Vèsè pou li nan klas la: Jan.5 :19-29

Vèsè pou resite : Papa a gen pouvwa pou bay la vi. Konsa tou, li bay pitit la pouvwa pou bay la vi tou. **Jan.5 : 26**

Fason pou fè leson an: Diskou, diskisyon, kesyon konparezon

Bi leson an : Montre se paske Jezi te obeyi Papa l nèt ale ki fè li bay li pouvwa ak otorite nèt ale

Pou komanse

Men yon gwo kesyon nap poze: Eske Jezikri obseve disiplin nan tout bagay? Nou met di wi paske se li menm ki an tèt tout bagay. Li vle rete konsekan a sa ke l di. Li bay nou prèv ke li menm ak Papa w fè yon sèl. Nou pral montre w sa kounyeya.

I. **Premye pwen** : Li imite Papa a. Li fè tout sa Papa a fè. Jan.5 :19
   1. Papa a etabli pwensip nan Ansyen Kontra a. Li fè menm jan tou nan Nouvo Kontraa e tout moun te touche ak doktrin li. Matye. 7 :28-29
   2. Li aprann metye chapant kay Josèf ki te papa pou bay li swen sou tè a. Men li aprann bati kay nan syèl la pou li resevwa legliz ki madanm li. Jan.14 : 3

II. **Dezyèm pwen**: Li konn tout bagay tankou Papa a. Papaa renmen l, li montre l tout sa pou l fè.
    Jan.5 :20
    Pa gen anyen ou kap sere l. tout moun gen pou rann li kont nan dènye jou a. Ebre .4 :13

III. **Twazyèm pwen** : Li fè tout bagay. Li fè sa li vle. Li resisite mò, li bay moun la vi tankou Papa a.
     Jan.5 :21, 28-29 ; 11 :25

IV. **Katriyèm pwen** : Jezi ki avoka pou w jodia, se li menm menm tou ki va chita tankou Jij nan tribinal nan denye jou jijman an pou l sa jije w. Jan.5 :22 ; 2Kor.5 :10
   1. Jodia lap plede kòz ou paske li travay pou w tankou avoka. Li pran kòz ou a e li fè tout depans pou rou sou bwa Kalvè pou wete w anba kondanasyon. Wom.5 :1 ; 8 :1
   2. Nan denye jou a se li menm ki pral pwononse kondanasyon kont tout moun yo ki enkredil, kont mechan yo. 2Kor.5 :10

V. **Senkyèm pwen** :
Li gen tout dwa ak tout onè Bondye. Li tèlman menm jan ak Papa a, si yon moun pa onore Papa a ou pa onore l tou. Jan.5 :23
   1. Li nan Papa a e Papa a nan li tou. Jan.14 : 11
   2. Se Papa ki chita nan li kap fè tout sa nou wè yo pou tout moun kap konnen ke se Papa a li ye. Jan.14 :10

V. **Sizyèm pwen** :
Li gen pouvwa pou li transfòmen.
Li di: moun ki koute sa li di e ki kwè nan Papa a ki voyel la… yap soti anba lanmò pou yo viv.
Jan.5 :24, 25
   1. Li pwouve sa nan anpil moun li leve nan lanmò:
   2. Pitit fiy Jayiris la, gason vèv nan bouk Nayim nan, Lazare nan Betani. Mak.5:21-23, 42-43; Lik.7:11-15; Jan.11: 42-44
   3. Li leve nan lanmò pou tèt pa l. Lik.24: 5-7

VII. **Setyèm pwen** : Li posede la vi.
Li di : tankou Papa a ki gen pouvwa la v i, mwen menm pitit la mwen gen pouvwa la vi nan mwen menm. Jan.5 : 26 ; 14 :6
   1. Nan mwen ki Pawòl la gen la vi. Jan.1 :4

2. Mwen menm se Pawòl vivan an. Jan.5 :39-40

Pou fini

Jézi menm jan ak Papa a. Li pa depase l paske li menm se Papa a, li pa kapab depase tèt pa l. Li pa ni plis ni mwens ke Bondye. Li deklare Pitit Bondye plen grennen! Kouri pran Jezi sa san gade dèyè. Pran li vit e prese.

Kesyon

1. Pouki sa Jezi te obsève disiplin nan tout bagay?
    a. Paske se li menm ki etabli pwensip yo
    b. Li vle rete konsekan ak pwòp tèt pa l.
    2. Li vle prouve ke li menm ak Papa a se menm moun nan
3. Ki jan li imite Papa a?
    Li fè tout sa Papa a fè
4. Ki sa ki fè sa?
    Li konn tout bagay, li fè tout bagay.
5. Ki wòl li nan Sali nou ? Li menm se Avoka e Sovè nou tou
6. Ki wòl li nan la fen di monn?
    Li va marye ak Legliz e li va pwononse santans Satan ak mechan yo.
7. Nan ki degre nou kap onore pitit la ?
    Nan menm degre nou onore Papa a

Leson 12   Jezi se Papa ki la pou toutan an

Tèks pou prepare leson an : 2Wa.24 :2 ; Sòm 23 :1-6 ; 103 :13 ; Ezayi. 9 :5 ; 40 :10-11 ; 57 : 16
Vèsè pou li nan klas la : Sòm.23 : 1-6
Vèsè pou resite : Wi, mwen konnen w'ap toujou renmen m, w'ap toujou bon pou mwen pandan tout lavi m. Se lakay ou m'ap rete tout tan tout tan. **Sòm. 23 :6**
Fason pou fè leson an : Diskou, diskisyon, konparezon, kesyon
Bi leson an : Pran Jezi tankou egzanp de yon papa ki pran reskonsablite l oserye e ki merite pou n apresye.

Pou komanse

Nan tout fanmiy ki serye tout bon, ou jwen yon manman ak yon papa ki pran reskonsablite yo. Se nan Papa Bondye, papa sa yo pran egzanp la. Se li ki bay yo otorite pou aji tankou yon moun ki reskonsab. Pwofè Ezayi di ke yo va rele Jezi Papa Bondye. Es. 9 :5 Nan ki sans nou menm ki papa nou imite l ?

I. **Se li menm ki Mesi a. Li menm se Papa pèp la pou toutan gen tan.**
Antanke wa, nan fanmiy David, li pran swen pèp li ak severite e konpasyon. Sòm.103 :13
1. Se li menm ki deside voye pèp Izrayèl la nan esklavaj nan peyi Asiryen yo nan lane 722 avan li te siyen Nouvo Kontraa. Se li menm tou ki voye wayom Jida nan esklavaj nan peyi Babilon nan lane 586 avan li te siyen Nouvo Kontra. Li te fè sa pou pini inikite yo. 2Wa.24 : 2
2. Se li tou ki pote Izrayèl tankou yon ti mouton sou zepòl li. Sa montre nou yon Bondye TouPisan ki gaye jwif tout patou pou l sa pini yo . Men apre sa li va rachte pèp li pandan ke lap pini moun ki te maltrete pèp li. Eza.40 : 10
3. Apre sa li restore pèp li. Sòm.23 :3
    a. Papa yo , nou gen menm obligasyon saa anvè pitit nou. Nou dwe montre yo ke nou renmen yo, menm lè ke

nou montre nou sevè ak yo. Nou dwe padonen yo, nou pa dwe kenbe yo nan kè nou kant yo vin mete ajenou devan nou pou mande nou padon. Eza.57 : 16

    b. Letènèl di : Mwen pa kap kenbe fache toutan kant mwen wè pitit mwen fè yo vin tonbe devan m pou mande m padon. Se papa yo mwen ye. Eza.57 : 16

II. Jézi se papa e li pastè pèp li tou. Eza.40 :11

1. Li bay yo tout sa yo bezwen: Pwoteksyon, manje, apeti, lapè, bon somèy.. Sòm.23 :1
2. Li mennen yo bwe dlo kote ki trankil. Li dezenvite yo ak kote ki gen eskandal ak tenten. Sòm.23 :1
3. Li fè yo gen kontwòl nan manje yo. Sòm.23 :2
4. Li bay yo sekirite nan sityasyon ki gen danje ladan. Sòm. 23 : 4
5. Li bay advèsè l yo defi paske yo pa kapab anpeche pitit li manje ni reyisi. Sòm.23 : 5
6. Pitit Bondye santi l tèlman byen kay papa l ke li fè sèman pou pa kite rezidans kay papa l jouk li. mouri. Sòm.23: 6

Pou fini

E ou menm papa, nan ki bò nan Sòm 23 ou jwen foto w ? Ki sa piti ou kap di de ou. Pito ou pran Sòm saa tankou yon tèmomèt pou mezire degre chalè relasyon w ak pitit ou. Bat pou li pa desann a zero.

Kesyon

1. Ki lè nou kap wè gen amoni nan fanmiy la?
   Kan papa pran reskonsablite l, kan manman soumèt li a mari l e ke yo tou de soumèt yo a Papa Bondye.

2. Ki lè e ki kote pèp Izrayèl te ale nan esklavaj?
   Se te nan peyi Lasiri nan lane 722 avan Kris te siyen Nouvo Kontra a

3. Ki lè e ki kote wayòm Jida te ale nan esklavaj?
   Se te nan peyi Babilon nan lane 586 avan Kris te siyen Nouvo Kontra a

4. Ki jan yon papa ta dwe reyaji devan move konpòtman pitit li ? Ak amou e severite.

5. Ki sa Jezi reprezante pou pèp li ? Papa, bèje, zanmi, Sovè, doktè, avoka, tout bagay

6. Si nou gade byen Sòm 23, ki pi gran konpliman yon pitit ta kap fè a papa l ?
   Pou l pwomèt ke lap rete ansanm ak papa l jouk li mouri

Lis vèsè yo

1. Nan gran maten, byen bonè, li pat ankò fè klè, Jezi leve, li soti li kite lavil la, lal yon kote ki pa gen moun. La li t'ap lapriyè. Mak.1 :35

2. Lè tout moun fin manje vant plen, Jezi di disip yo : 'Ranmase tout ti moso yo, pa kite anyen gaspiye. Jan.6 : 12

3. Jezi di yo konsa : Lè pa m nan poko sonnen. Pou nou, tout lè yo bon. Jan.7 : 6

4. Si yon moun deside fès sa Bondye vle, la konnen si bagay m'ap moutre yo soti nan Bondye osinon si pawòl pa m m'ap pale. Jan.7 : 17

5. Apre solèy te fin kouche, yo mennen tout moun malad ak tou moun ki t'ap soufri divès maladi bay Jezi. Li mete men l sou tèt yo tout, li geri yo. Lik.4 : 40

6. Lè yon moun an sante, li pa bezwen dòktè. Enben, mwen pa vin rele moun kap mache dwat devan Bondye yo, men moun k'ap fè sa ki mal yo. Mak.2 : 17

7. Lè sa a li di yo : Bay Seza sak pou Seza, bay Bondye sak pou Bondye. Lik.20 :25

8. Jezi di : Manje pa'm se fè volonte moun ki voye m lan. Se pou m fin fè travay li banm fè a. Jan.4 :34

9. Apre sa Jezi di yo : Se pou tèt sa, pa kite dòmi pran nou, paske nou pa konnen ni ki jou ni kilè sa va rive. Mat. 25: 13

10. Yo tap pale ak mòn yo ansanm ak wòch yo tankou ak moun. Yo tap di : Tonbe sou nou. Kache nou pou moun ki

chita sou fotèy la pa wè nou, pou kòlè ti Mouton an pa tonbe sou nou. Rev.6 : 16

11. Papa a gen pouvwa pou bay la vi. Konsa tou, li bay pitit la pouvwa pou bay la vi tou. Jan.5 : 26

12. Wi, mwen konnen w'ap toujou renmen m, w'ap toujou bon pou mwen pandan tout lavi m. Se la kay ou m'ap rete tout tan tout tan. Sòm. 23 :6

Seri 3

Sis Ja Dlo Yo Nan Resepsyon Maryaj Kana A

Avangou

Se pou la premyè fwa nou jwen Jezi nan vwayaj ansanm ak manman l, frè li yo ak disip li yo. Yo tap ale nan yon maryaj nan lavil Kana nan peyi Galile. An nou ale tou nan nòs la piske se zanmi Mari kap marye. Sèlman pa sezi si nou wè yon desèpsyon ki kap kraze maryaj la menm jou a. Se menm moman sa Jezi pral sove sityasyon ak sis ja vid ki te la. Nap pwofite di w tou, si ou trouve w nan difikilte e ke ou te sonje envite Jezi nan biznis ou, bat pou w gen omwens sis veso vid pou w lonje bay li. Wa banm nouvèl. An nou wè kounyeya sal fè ak sis ja sa yo.

Leson 1 Maryaj nan lavil Kana a dapre profesi yo

Tèks pou prepare leson an: Jenèz. 1:26-31; 50:1-26; Egzòd. 20:1-27; Oze. 6:2; Malachi; Lik. 22; 20; Jan.1:29; 2:1-11; Rev .21; 1-27

Vèsè pou li nan klas la : Jan.2 : 1-5

Vèsè pou resite : De jou apre sa te gen yon maryaj lavil Kana nan peyi Galile. **Jan.2 :1**

Fason pou fè leson an: Diskou, konparezon, kesyon

Bi leson an : Prezante Mesi a nan plen piblik gras a yon mirak ki vle di anpil.

Pou komanse

Nan tan Jezi a depi w tande gen maryaj, bweson fè ribanbèl. Dapre Riri, yon moun kap fè komantè sou Nouvo Tèstaman an, tout moun kap vin nan maryaj la dwe gen yon rad maryaj sou li. Sinon, moun marye yo bay ou yon rad pou sa. Men kant Bib la di ke nan twazyèm jou a Jezi al nan nòs la, nou dwe bay ou kèk esplikasyon. Jan.2:1

I. **Pouki twazyèm jou a?** Jan.2 :1

1. Nan sans pwofetik la, premye jou a reprezante dispansasyon lwa natirèl. Nou vle pale de tan inosans la jouk nou rive nan tan Lwa Moyiz la. Jenèz.1 :26-31 à 50 : 1-26

2. Dezyèm jou a se yon lòt peryòd ki pati de tan Lwa Moyiz la jouk nou rive nan tan Jezikri a. Egzod.20 : 1-27 à Malachi. Jan. 1 :6

3. Twazyèm jou a komanse depi tan nou jwen gras la jouk li rive nan nòs Kris ak legliz ki va fèt nan syèl la. Jan.1 : 29 a Revelasyon. 21:1-27

Se pwofèt Oze ki eksplike nou sa kant li di : **Apre de jou, lap bay nou la vi**. Men nan twazyèm jou a, lap leve nou atè a e lap fè nou viv nan prezans li. (Oze 6,2)." Puiske chanjman fèt nan twazyèm jou a, zafè diven ki manke nan resèpsyon an gen referans a sakrifis zannimo yo ki fini. Bon diven Jezikri ofri a reprezante Nouvo Kontra li fè ak Legliz ak san li. Se nan Nouvo Kontra sa Legliz ap angaje l. Lik. 22 :20

II. **Pouki sa se mirak sa yo premye pale de li nan mirak Jezikri** Jan.2 : 11
1. Pou byen di, se te premye mirak li te fè an plen piblik. Nou kwè ke li te gen kèk li te fè nan vi prive l. Kant Mari te di moun yo « Depi Jezi di nou fè yon bagay, nou mèt koute l » se paske li te kont wè déjà sa Jezi konn fè. » Jan.2 :5
2. Ak mirak saa, Jezikri te vle montre tou jenerozite Bondye ,ki jan li kap chanje jwa lezòm an yon jwisans espirityèl.
3. Diven lap bay la se senbòl san li ki va koule pou sove lòm.
   Pita li pra l di : Sa se Nouvo Kontra ki fèt ak san mwen. Lik.22 :20
   Si nou vle byen gade: Li pa pran rès diven moun yo te genyen nan veso yo pou l fè diven pa l. Diven moun yo te déjà fini. Se dlo li te pran pou l fè sa. Konsa Nouvo Kontra li ak Legliz, li fèt ak san l sèlman pou sove nou.

Pou fini
Jézi vin ofri w sa lajan w pa kap bay ou. Pito ou fè kontra avè l jodia menm e ou va wè diferans la.

Kesyon

1. Ki sa nou jwen nan maryaj nan tan Jezikri a?
   Tanbiba ak banbòch.
2. Ki jan moun yo te kon abiye? Ak rad maryaj
3. Nan yon sans profetik, ki jan nou kap konprann prezans Jezikri nan twazyèm jou a.
   a. Premye jou a reprezante tan pou lwa natirèl
   b. Dezyèm jou reprezante tan Lwa Moyiz la
   c. Twazyèm jou reprezante tan la gras la jouk nou rive nan maryaj Legliz ak Kris nan syèl la
3. Ki pwofèt ki bay nou koze saa ? Pwofèt Oze
4. Ki sa li vle di ?
   Se Nouvo Kontra ki siyen ak san Jezikri.
   Depi lè saa, pa gen zafè sakrifis zannimo yo pou peche ankò.
5. Ki leson nou kap tire nan mirak dlo ki chanje an diven an ?
   a. Li montre nou jenerozite Bondye, ki jan li kap chanje jwa nou yo an fèt èspirityèl
   b. Diven an se senbòl Nouvo Kontra ki fèt ak san Jezikri
   c. Piske diven Jezikri pat gen melanj, sa vle di ke sakrifis Kris san Kris la te sifi pou sove nou anba peche nou.

Leson 2 Ki wòl Mari nan maryaj Kana a

Tèks pou prepare leson an: Egzòd.7 :20; Mt.11:28 ; 26 :27-29; Lu.2:49; Jan.2: 1-11
Vèsè pou li nan klas la : Jan.2 : 1-11
Vèsè pou resite : Lè saa, manman Jezi di moun ki tap sèvi yo: « Fè tout sa l di nou fè » **Jan.2 :5**
Fason pou fè leson an: Diskou, konparezon, kesyon
Bi leson an : Montre koman Jezi pa pran nan presyon

Pou komanse
Si Jezi ak disip li yo te gen kat envitasyon pou maryaj la, kant a Mari li menm, li pat bezwen sa. Bib la di nou li pat ka pala. Se moun pal ki tap marye. An nou wè viretounen l nan maryaj la.

I. Bò ki kote l te ye ?
Pa di mwen ke lite chita nan sal resepsyon an, men li te nan kanbiz la kote yo tap plen vè yo. Konsa, li te fasil pou l wè ke diven an ap fini ti kras pa ti kras. Oboudikont, li bay Jezi yon telegram, li di l: "Jezi, diven moun yo fini". Jan.2: 3
1. Ki gwo desepsyon sa? Nan tan saa, mesye marye a dwe bay envite yo bwè pandan sèt jou!
2. Sete yon prèv ke li kap pran swen madanm li. San sa papa fiy la te gen dwa pran misye pou yon fasè e li kap site l nan tribinal. Ki jan nonm sa pral soti nan sityasyon saa?
3. Jezi te byen dakò pou l sove kaa, men fòk li plase komand nan ki dwe soti nan depo Papa l ki nan syèl la. Malerezman, Jezi pa pran nan presyon pèson. Li di Mari ke « lè l poko rive ». Mari ap blije tann. Jan.2: 3-4
   a. Pwoblèm Mari se paske li pat konnen ke moun nan ki te chanje gwo dlo Flèv Nil la an san an, se li menm tou ki pral fè dlo a tounen diven. Tout moun ka wè la ke Mari gen limit. Egz. 7 :20 ; Jan.2 :9
   b. San pale anpil, Jezi mete Mari a kote pou moun pa pran l pou voye komisyon bay Bondye. Jezi di tout

moun : « tout moun ki fatige, ki chaje, vinn kote m.» Mat. 11 :28
c. Mari pa mete antèt ke Jezi kouri dèyè l. Li dwe pou konnen ke Jezi mete devwa l avan zafè zanmi ak fanmiy. Lik.2 :49

III. **Ki lè dlo a tounen diven?** Jan.2 : 7
1. Jezi mande sèvitè yo pou yo plen ja yo dlo. Nan tan saa, chak ja sa yo te kap kenbe 20 galon dlo. Sa bay yon total de 120 galon. Jan.2:7
2. Apre sa li mande yo pou yo plen yon louch pou pote bay mèt seremoni an goute. Jan.2 : 8
    a. Konnen byen ke pou diven an bon, fòk li rete fèmen nan barik la pandan 6 senmen. Men di m ki lè dlo an tounen diven ? Eske se apre 6 senmen, sèt senmen?
    b. Jan ka moun marye yo ijan, eske yap kapab tann tout tan saa? Eske se pandan yap plen ja yo ou byen kant sèvitè a komanse plonje louch la nan dlo a!
    c. Si w ta vle byen gade, li pa ogmante rès diven moun marye yo. Li vini ak pwòp diven pa l. Pita la bay parabòl la pou l di:
    «Sa se san mwen. Pa gen menm yon gout san Adan ladan. San Jezi ki sove nou an pat gen melanj. Mat.26 :27-29

Pou fini
Kan sa pa bon menm, degaje w vin depoze veso vid yo, veso desèpsyon w yo devan Jezi. Mwen bay ou garanti, Li pap pran tan pou l reponn ou.

Kesyon

1. Ki jan Mari fè konnen ke diven an ap fini?
   Li te nan kanbiz la.
2. Pouki sa li te gen tèt cho?
   a. Paske moun marye yo pra l pran gro wont.
   b. Paske papa fiy a gen dwa rele mesye marye nan tribinal paske li pat kap montre ke l ka swen pitit fiy li a.
3. Ki sa ki fè ka a pi ijan?
   a. Paske bon diven an dwe pran sis senmenn pou l bon.
   b. Moun marye yo bezwen yon repons touswit.
4. Ki jan nou pran repons Jezi bay Mari a?
   a. Li fè l santi ke li mete devwa l avan santiman.
   b. Dezòmen tout moun a konnen ke si yo bezwen Jezi tout bon, ya dwe vini kote l direkteman san pase pa Mari
5. Ki lè dlo a te tounen diven?
   Kan sèvitè yo foure louch la nan ja a.
6. Pouki sa Jezi pat ogmante pito diven moun marye yo?
   a. Toudabò, yo pat gen yon gout diven pa yo ki te rete.
   b. Answit Jezi te vle vini ak diven pa l .
7. Ki sa Jezi ap tann nan men nou ? Veso vid nou yo pou l sa ranpli yo.

Leson 3 Pou ki rezon menm Jezi te vini nan maryaj saa ?

Tèks pou preparasyon an: Mat. 4:10; 13:55; 11:28; Mak.1:13; 6:3; Lik. 4:25-29;17 :12-15;18 :36-43; Jan. 1 :9,18, 29; 3:16; 8:3-12, 24; 9 :5-7;11:43-44; 19: 37; Kol. 3:1-3; 1Pyè .1:18

Vèsè pou li nan klas la : Jan.2 : 7-12

Vèsè pou resite : Se konsa Jezi te fè premye mirak li lavil Kana nan peyi Galile. Li te fè wè pouvwa li. Sa te fè disip li yo kwè nan li. **Jan.2 :11**

Fason pou fè leson an: Diskou, konparezon, kesyon

Bi leson an : Montre ki jan Bondye foure bouch chak jou nan zafè nou isiba.

Pou komanse

Se pa pou gremesi Jezi te vin nan maryaj saa. Si se ta va konsa, tout moun ta pran Bib la tankou yon ti liv pou w fè lèkti. Sa Jezi vin fè la ?

I. Li te gen yon plan nan tèt li ke l pa kap di moun.

1. Sonje ke Jan Batis te prezante l tankou Bondye, pitit Bondye, tankou limyè ak tankou ti mouton Bondye. li dwe pwouve sa.Jan.1:9;18, 29, 8:12;9:5

    a. Sanzale pi lwen, konnen ke Jezi ap toujou fè mirak pou w dapre jan w menm ou pran l. Si ou bezwen pen ak pwason, ou mèt te rele l Jezi de Nazarèt, ou byen ti bòs chapant la. Men si tou ou bezwen gwo bagay lezòm pa kap bay w, lè sa ou gen dwa rele l Jezi, pitit wa David la. Si ou kwè m manti, al mande Batime, yon pòv avèg. Li va di w sa l te jwenn. Lik.18:36-43

    b. Li di farizyen yo: « Si nou pa pranm pou sa m ye a, nap mouri nan peche nou. ». Jan.8 :24b
    Sa vle di: Si nou pa pranm pou Mesi a, nou tou pèdi.

II. JanBatis te prezante l tankou ranplasan Moyiz.

1. Li vini pou akonpli Lwa a. Jan.19 :30

2. Li vini sinyen yon lòt kontra ak san li. Depi lè saa, zafè sakrifis ak san zanimo yo fini.
   1Pyè.1 :18
3. Li foure payen yo nan program li pou sove yo tou. Mat. 11: 28 ; Jan. 3 :16
4. Li vini ofri nou yon paradi nan syèl paske paradi sou tè a te gate ak peche. Kol.3 :1-3

III. **Li te prezante Jezi tankou Limyè pou klere monn** nan. Limyè sa se yon sonn pou fè tout kalite operayon.
   1. Li te sèvi avè l pou fouye konsyans Farizyen yo, pou voye yo al reflechi grenn pa grenn. Jan.8 3-12
   2. Li te sèvi avè l pou anpeche fanm adiltè a bay li manti. Li annik di l ou mèt ale, men pa rekomanse. Jan.8 :11-12
   3. Nou wè li sèvi avè l ankò pou fè yon moun ki fèt avèg wè. Jan.9 :5-7

IV. **Li te prezante l tankou Bondye.** Jan.1 :1-2
   1. Jezi te gen dwa chase Satan malonètman.
      Mt. 4 :10
   2. Li pase karant jou nan mitan bèt sovaj tankou Adan te konn fè nan jaden Edenn nan **avan li te chite**. Tout bèt bat ba devan l. Jenez. 1 :28 ; Mk.1 : 13
   c. Li chase movezespri ak Pawòl li, li geri tout kalite maladi. Mat.8 :17 ; Lik.17 :12-15
   d. Li resisite mò. Jan.11: 43-44
      Konsa li prouve ke tout sa Janbatis te di de li a se te vre.

Pou fini

Piske djòb nou se prezante Jezikri nan monn saa, ak ki non nou pral prezante l?

Kesyon

1. Pouki sa Jezi te ale nan maryaj la nan bouk Kana nan Galile ?

   Jan-Batis te prezante l an piblik tankou Bondye, tankou limyè mouton Bondye, tankou answit a Moyiz. Li te dwe fè moun wè sa.
2. Ki jan Jezi reponn priyè nou ?

   Se dapre jan nou pran l, dapre valè n bay li
3. Ki prèv li bay ke li se Bondye ?
   a. Li chase Satan
   b. Li viv trankil nan mitan bèt sovaj
   c. Li geri maladi ki pat gen tretman
   d. Li resisite mò, li resisite pwòp tèt pa l.
4. Ki prèv li bay ke li menm se limyè lemonn li ye ?

   Li fouye konsyans Farizyen yo, fanm adiltè a. Li louvri je yon nonm ki te fèt avèg.
5. Koman Janbatis te prezante l tankou answit a Moyiz?
   a. Li vin akonpli Lalwa
   b. Li vini ak yon nouvo kontra ki siyen ak san li
   c. Li mete payen yo nan pwogram pou sove yo ak san li.
6. Pou ki moun Batime te pran l ? Tankou pitit wa David
7. Ki sa sa te fè pou li? Li wè nan tou de zye l gratis

Leson 4   Pou ki rezon menm Jezi te vini nan maryaj saa?(rès la)

Tèks pou prepare leson an: Jenèz.3: 23-24; Mat 11:28; 28:20; Lik.15:22; Wom.13:14; Jan1:1-18; 2:10; 10:10; 14:1-18; 16:13-24; Ef.5:23; 1Jan2:17; Rev.21:4-9

Vèsè pou li nan klas la: Jan.10:7-10

Vèsè pou resite : Pèsonn pa janm wè Bondye. Men, sèl pitit Bondye a, li menm ki Bondye tou, li menm kap viv kòtakòt ak Papa l, li menm fè moun konnen Bondye. **Jan.1 :18**

Fason pou fè leson an : Diskou, konparezon, kesyon

Bi leson an : Konpare Adan ki marye ak Ev e Jezikri ki marye ak legliz.

Pou komanse

Nou poko fini ak koze saa. Fòk nou kap kontinye ak deklarasyon JanBatis la. Li di konsa : Pa gen moun ki janmen wè Bondye.: Se sèl Bondye, sèl Pitit li ki chita anndann, se li menm ki fè nou konnen l. Piske JanBatis rele l Bondye, yon sèl pitit papa l, Jezi gen pou l demontre sa. Jan. 1:18

I. **De moun marye yo nan vil Kana a, se senbòl Adan ak Eve**

Adan kap ofri tout sa ki gen sou la tè.
1. Malerèzman, sa te fini ak yon gwo despesyon. Bondye te mete l deyò nan jaden an. Jenez. 3: 23-24
2. Tout sa Adan te kap bay, yo pat la pou lontan. Yo kap twonpe w epi yo gen limit. 1Jan.2 :17

II. **Jezi ki dènye Adan an, se fiyanse Legliz.**
1. Li envite tout pitit Adan ak Ev yo nan nòs pa li a. Li ofri yo tout la vi an abondans.
   a. Li pa chwazi moun. Se tout moun li envite nan nòs la, tout pechè yo. Mat.11 :28
   b. Li prevwa yon rad nòs pou tout moun ki vle vini nan maryaj la. **Rad sa rele manto la jistis.** Se ak moun sa

yo li fè legliz ke li sove a. Lik.15 :22 ; Wom.13 : 14 ; Ef.5 : 23

2. Li dwe bay yo tout sa yo bezwen. Se sa ki pou kalifye l tankou epou nèt ale a ki soti nan syèl. Li di:« Depi nou mete nonm devan, nou mèt mande Papa m sa nou vle, map bay nou l.». Jan.14 :13

   a. Li demontre sa nan nòs la ki te fèt nan vil Kana a. Jan.2:10 ;10:10

   b. Li tèlman gen pou l bay ke li di disip yo: Jiska prezan nou poko mande m anyen ki serye». Jan.16 :24

3. Li ak nou e li pwomèt pou l rete ak nou jouk la fen. Mat.28 :20

   4. Kant li pral kite disip yo, li fè pwovizyon pou demen. Li di: Mwen pap kite nou tankou ofelen. Map voye pou nou yon konsolatè. Konsa, mwen pap pèdi kontak ak nou. Jan.14:18; 16:13-15

   a. Tankou yon menaj ki galan, li pral siye tout dlo nan zye nou. Rev.21 : 4

   b. Li pral mache ak nou nan Jerizalèm li fèk bati a pou nòs la. Rev. 21 :9

Pou fini

Si wap bwè toujou nan diven Adan an, wap viv anba desèpsyon. Pito w gade byen pou w wè si vè wap bwè ladan n nan pa vid. Vinn jwen Jezi kounyeya pou w sa jwen bon diven an abondans.

Kesyon

1. Ki sa Jezi te gen ankò pou l demontre ?
   a. Ke li menm se Pitit Bondye kap viv nan sekrè Papa l
   b. Ke li menm se fyanse Legliz
2. Ki jan nou kap montre ke moun marye Kana yo te senbòl Adan ak Ev?
   Pwovizyon yo te sèlman pou latè, li te pou yon timoman e li te gen desepsyon ladan.
3. Koman Jezi te kalifye tèt li tankou epouz Legliz?
   a. Li envite tout moun pou vin jwi gras li an abondans.
   b. Li reponn a tout priyè nou yo.
   c. Li pwomèt pou l rete ak nou chak jou jouk la fen.
4. Ki sa li pwomèt nou avan l pati kite tè saa ?
   Sentespri pou kontinye travay li
5. Ki sa li pwomèt nou a la fen?
   a. Li va seche tout dlo nan zye nou.
   b. Li pral fè nou mache nan vil Jerizalèm nan ki fèk bati pou nòs la.

Leson 5 Premye Ja ki pou plen an : ja lanmou an

Tèks pou prepare leson an : Ef. 5 :26
Vèsè pou li nan klas la: Ef.5:22-29
Vèsè pou resite : Nou menm mari yo, se pou nou renmen madanm nou menm jan Kris la te renmen Legliz la, jouk li te asepte mouri pou li. **Ep.5 :25**
Fason pou fè leson an: Diskou, konparezon, kesyon
Bi leson an : Montre ke si yon moun pa konnen sa renmen ye, maryaj la tou gate.

Pou komanse
Chif sis (6) te toujou yon senbòl pou montre jis ki kote lòm ka rive. Chif sèt (7) se senbòl Bondye ki pafè. Bonbans la nan vil Kana dwe dire sèt (7) jou. Li reprezante sèt (7) pati nan vi moun ki marye. Lòm kapab gen sis (6) ja. Men ki moun ki gen dènye ja , ja abondans nan ki pou fè sèt (7) la? Jezi sèk ki genyen l. Eske w ou pral chèche l nan men l ? An nou wè ja sa yo.

I. **Premye ja pou nou ranpli an se ja lanmou an.**
  1. Ki jan sa fè rive pou yon si bèl ja ka gentan vid?
- a. Se paske byen souvan, gen moun marye ki wè sèlman fèt la ak zafè sèks nan maryaj. Yo bliye gade kote pratik la ak bon sans nan :
Yo konprann maryaj se fè bèl foto, kouri oto, danse, fè gwo resèpsyon, resevwa kat, kado ak konpliman. Pr.27 : 23-27
- b. Yo te dwe konnen ke depi yo soti nan lin de myèl la, se pou yo te mete rad maryaj la nan yon bwat, pou yo mete de pye yo sou tè a pou yo sa peye dèt yo.
- c. Bon diven ka fini depi nan premye jou Lin de myèl la, si yon nan patnè yo jwen desèpsyon. De moun yo gen dwa marye, men yo chak te gen dèyè tèt yo kèk vye entansyon ki pat janm ekri nan kontra maryaj la. Men

yon fwadè ki komanse glase tout bagay nan relasyon de moun yo. Sòm.15:2

d. Yo gen tan bliye pastè a te di w ke moun nan ou fiyanse ak li ayè a pa ditou moun nan ou marye ak li jodia. Se konyeya li pra l moutre w ki moun li te ye tout bon an.

II. Ki sa ki lakòz ja lanmou an vid ?

1. Gwo depans tankou moun fou. Si ou poko pare pou w marye, mande konsèy.
2. Moun marye yo te fè pwovizyon pou de jou. Jan ou wè moun sa yo derape nan limouzin, nan fè gwo resepsyon, ou fin kwè ke yo te déjà achte kay yo, pa gen kesyon mache lwe kay chak twa mwa ak yon kòlon mèb frajil kap fin kraze. Pr.27 : 23-24
3. Dsepsyon ap parèt tou kri nan sizyèm jou a. Len komanse blanmen lòt. Devèn pa yo, yo te pran nenpòt ki jan de moun pou parenn ak marenn ki pa gen anyen de Bondye nan vi yo.
4. Gen moun marye ki pa konn konjige vèb renmen an.
   a. Yo konprann lanmou se fè sèks ak fè pitit. Konsèy ou te kap bay moun sa yo avan tout bagay se pou w di yo : Si w pa konn sa renmen ye, pito w pa marye.
   b. Konnen byen ke pa gen lanmou san sakrifis. Epi tou, yon gason parese pa gen dwa di yon fiy mwen renmen w ak tout kè m.» Se manti. Si ou pa gen ponyèt, ou pa gen kè tou. Ou vini pou abize fiy a, e maltrete l.

Pou fini

Si veso lanmou an vid, pa kite remò ak rayisman anvayi kè w. Bay Jezi yon kout fil.

Kesyon

1. Ki sa chif 6 ak 7 reprezante nan Bib la?
   Sis se senbòl limit kapasite lòm. Sèt la se senbòl Bondye ki zero fòt.
2. Ki sa ki kapab kòz ke ja lanmou an vid ?
   a. Se kant kèk moun marye wè sèlman kote sosyal ak santimantal maryaj la. Yo bliye kote pratik ak sèvi ak bon sans yo.
   b. Yo bliye ke moun ke yo te fiyanse ayè a ka pa menm ak moun yo marye avè l jodia.
   c. Chak moun marye yo kap gen kèk entansyon yo pa janm di e ki pat ekri nan ak maryaj la.
3. Ki lè diven an ka komanse fini? Sa ka komanse menm depi nan premye jou nòs la.
4. Ki bagay ki kapab kòz sa?
   a. Gwo depans tankou moun fou.
   b. Mank kominikasyon antre de moun marye yo
   c. Moun yo pat konnen sa maryaj vle di
5. Di si se vre ou si se fo
   a. Yon maryaj san limouzin se yon tenten._ V _ F
   b. Pa gen amou san sakrifis. __ V __ F
   c. Si yon nonm gen de menaj, li pa gen dwa di a okenn nan yo: «Mwen renmen w ak tout kè m ». __ V __ F
   d. Lanmou se sèlman fè sèks. __ V __ F

Leson 6 Dezyèm ja pou plen an : ja la jwa

Tèks pou preparasyon an : Sòm. 34 : 6 ; Eza.1 :18 ; Jan.10 :10b ; Fil.4 :4
Vèsè pou li nan klas la: Fil.4:4-7
Vèsè pou resite : Se pou nou toujou kontan nan lavi n'ap mennen ansanm nan Senyè a. M'ap repete l ankò : Fè kè nou kontan anpil. **Fil.4 :4**
Fason pou fè leson an: Diskou, konparezon, kesyon
Bi leson an : Prezante jwa tankou yon fwi Sentespri pou chanje anbyans la nan maryaj la.

Pou komanse
Nan premye pati maryaj la, tout moun te kontan. Yo te byen. Gen sante, gen ti kòb nan bank. Se kè kontan tout la jounen. Moun yo tonbe ri pou gremesi. Se ti non gate Cheri, ti lanj, kayòt, Dadout ak Tilolo ki vin nan bouch yo. Se nan dezyèm ja nan nou ye kounyeya. Se ja la jwa a.

I. **Koman nou kap pale de ja saa?**
   1. Se dezyèm pati nan vi maryaj la. Premye piti la fèt. Se li ki bòs. Paran yo dwe kounyeya ranje lè yo pou chak bagay. Pa gen zafè soti al kote yo vle menm jan ankò.
   2. Mari a pa kapab ou byen li pa vle sèvi menm jan ankò, jan madanm nan ta vle l la, petèt akòz kondisyon lap travay la.
   3. Li kite tout bagay nan kay la sou kont madanm nan: ti moun, kay, kizin, netwayaj, lesiv. Madanm tounen yon bòn a tou fè »
   4. Li pa gen tan pou l fè bèl twalèt yo ankò sou kò l akòz yon ti moun pou lap chanje kouchèt sou li chak dezèd tan. Li vini tankou yon poul ki la pou ponn ze. Se retire rad gwosès, mete tabliye pou okipe kay. Kant mesye a soti nan travay, li vle wè tab li pare pou l manje. Apre sa, li rantre nan chanm li , li di madanm nan
   « cheri, m pare wi. » Lè sa li pral di w: «Pare pouki sa?»

5. Ki kote pou gen jwa nan yon fwaye konsa ? Jwa déjà vole gagè.

II. **Ki jan pou w jwen li ankò?**
   1. Zafè fè kolè pap ranje anyen. Repwòch menm se pi mal. Fòk kat la rebat. Pwofèt Ezayi di : Vin nou diskite bagay yo. Eza.1 :18
   2. Fòk nou sonje tou dabò :
      a. Priye ansann.
      b. Prépare yon bidjè pou wè ki sa nou kap depanse dapre sa nou touche.
      c. Prevwa yon lè pou priye, yon lè pou biznis nou, yon lè pou desipe nou, tout sa pou byen fwaye a.
      d. Bat pou se nou de a ki mete tèt nou ansanm pou fè sa san pa gen fache ni gwo pawòl ladan.

III. **Ki kote Jezi kap kanpe nan sityasyon saa?**
   1. Pete gwo kout ri pa vle di kè kontan pou sa. Sa se peta. Li pap dire. Jwa tout bon an soti nan Sentepri a. Kant ou vire gade Bondye, sa vle di kant ou priye, ou plen ak jwa, ak espwa e ou pap soti wont. Sòm.34 : 6
   2. Menm si se moun legliz nou ye, sa pa yon garanti pou fwaye nou. Fòk gen konvèsyon ak sanktifikasyon nan Jezi.
   3. Jezi pwomèt vi an abondans. Jan.10 : 10b

Pou fini
Tristè fè moun vieyi vit. Vini pito rajeni w nan Jezikri. Se li ki yon sous abondan ki bay la jwa toutan. Ja ou ap plen jouk li debòde.

Kesyon

1. Koman nou rele dezyèm ja ki pou plen nan maryaj la? Se Ja Lajwa
2. Ki lè ja sa kap komanse vid ?
    a. Se moman pou ranje lè yo kant premye pitit fèt.
    b. Se moman gen konplikasyon nan mouche a ak madanm nan fason pou okipe ti bebe a
    c. Se moman kote madanm nan ap kale pitit.
    d. Se moman kote mesye a ap maltrete madanm li
2. Ki sa nou dwe bat pou evite? Joure ak blanmen yonn lòt
3. Ki sa yo dwe fè?
    a. Pran san fwa yo pou yo konsidre pwoblèm yo
    b. Prépare yon bidjè.
    c. Prepare yon plan travay ansanm.
    d. Envite Jezi. Nan mitan lapriyè, lap bay nou konsey sa pou nou fè.
4. Ki sa ki pa menm dapre leson an ? Gwo kout ri ak la jwa.

Leson 7 Twazyèm ja pou plen an : ja lapè a

Tèks pou preparasyon an: Sòm 15:2; 34:6; Pwo.17:9;27:23-27;Mat.5 :37;17:21;Jan.10:10; Wom.12 :18; 1Ti.5:14;Ebre.12:14; 13 :4; Ja. 5:12

Vèsè pou li nan klas la : Wom.12:17-21

Vèsè pou resite: Fè tout sa nou kapab pou nou viv byen ak tout moun mezi nou wè nou ka fè li.

Wom. 12 :18

Fason pou fè leson an: Diskou, konparezon, kesyon

Bi leson an : Montre ki jan Jezi ka fè lapè tabli nan fwaye a kan twoub soti kote w pa konnen pou vide l atè.

Pou komanse

Yonn nan pi gran pwoblèm nan fwaye yo, se kant bòpè ak bèlmè ap foure bouch nan maryaj la pou reklame pa yo kant se yo menm ki kòz fwaye a divize. Ja lapè moun marye yo déjà plen ak kriye, ak desepsion.

I. **Ki sa ki kòz ja lapè a vid ?**
   1. **Premye rezon :** se mank konfyans yonn pou lòt.
      Pi bon mwayen pou len fè lòt konfyans lan se pou pa gen anyen ki fèt ankachèt. Wi se wi, non se non, se sa bib la di. Mat.5 : 37 ; Ja.5 :12
      Bat pou w pa janm mete w nan yon pozisyon pou patnè w gen dout sou w. Genyen gwo dega ki ka menm kraze maryaj nèt.
      Pouki sa ou blije chanje konvèsasyon an ou byen bese vwa w nan telefon nan kant ou wè patnè w la ap pwoche bò kote w?
      a. Pouki sa li pa dwe konnen konbyen w touche e ki jan wap depanse kòb yo? Pouki sa wap kache l sa tout moun konnen de w?
      b. Pouki li pa fèt pou konnen ki kote w prale ?

2. **Dezyèm rezon an** : Yon patnè ki pa fidèl
   Figi li montre lakay pa menm ak sa l montre devan moun. Lap tronpe lòt la ak manti
   Li montre l endiferan a patnè l pandan ke l gen zanmi ak yon lòt moun epi lap di li pa nan anyen ak moun sa. Ebre.13 :4
3. **Twazyèm rezon an** : Kan bòpè ak bèlmè foure bouch nan maryaj la
   a. Sa rive kan anbisyon yo pa satisfè nan maryaj la.
   b. Sa rive kan enterè pèsonèl yo andanje.
   c. Yo kwè ke se yo ki pou abit kan yo wè moun yo pa kapab antann yo. 1Ti.5:14
   d. Li konn rive ke yo pat janm renmen patnè a. Yo atake maryaj ak yon kòlonn remak jis yo konvenk pati pa yo pou kite maryaj la. Gen yon jou, gen yon okazyon rive epi maryaj la kraze. Ja lapè a kraze!

II. **Kijan pou lapè ka tabli ankò ?**
   1. Fòk gen verite toulede bò: Ebre.12 :14
   2. Fòk okenn nan yo pa vini ak sak te pase nan konvèsasyon yo. Fòk gen padon ak antant. Pwo.17 :9
   3. Si w vle jwen lapè ou pa janm dwe di patnè w:
      a. Mwen pa f è w konfyans.
      b. Ou pa kap lave pwent pye ansyen menaj mwen
      c. Se favè m te fè w kant mwen te desann mwen al marye avè w.
      d. Se byen paran m ou te anvye.
      Pawòl sa yo ak lòt ankò nou pa di kap touye yon moun. Se yo ki brize ja la pè a.

Pou fini
Ou pap janm jwen lapè si pa gen konfesyon sensè, yon vi de jenn ak lapriyè. Si nou toude se kretyen nou ye, nou gen dwa envite Jezikri nan fwaye a, konsa lapè Bondye ka demere ak nou. Mat.17 :21

Kesyon

1. Di nou twa baton ki kap brize ja lapè a
2. Mefyans, enfidelite, bòpè ak bèlmè ki foure bouch nan maryaj la.
3. Ki sa ki eksplike mefyans la
   Yon paten kap kache verite
4. Ki jan enfidelite a komanse? Kant yonn nan patnè yo pote enterè a yon lòt moun pandan lap meprize patnè l nan maryaj la.
5. Ki jan bo paran yon foure bouch nan maryaj la?
   Lè yo envite pwòp tèt yo nan zafè maryaj la.
7. Ki jan pou n tabli lapè a ankò?
   Fok konsyans moun yo klè, fòk gen padon ak antant
   b. Fòk nou dezenvite gwo mo pou blese moun
8. Ki moun ki kap replen ja la pè a ki vid?
   Jezi bon lepou a.
9. Ki sa nou kap konseye kan ja sa vid ? Jenn ak lapriyè

Leson 8   Katriyèm ja pou plen an : Ja sekirite a

Tèks pou prepare leson an : Ep.5 :29-32 ; 1Tès.5 :23 ; 1Ti.4 :8 ; Ebre.4 :16 ; Rev .21 :12
Vèsè pou li nan klas la : Ef. 5:25-33
Vèsè pou resite : Pèsonn pa janm rayi kò li. Okontrè, li ba l manje, li pran swen li tankou Kris la ap fè sa pou legliz la. **Ef. 5 : 29**
Fason pou fè leson an: Diskou, konparezon, kesyon
Bi leson an: Ankouraje mesye yo pou bay madanm yo sekirite.

Pou komanse

Eske ou janm poze w kesyon: Pouki sa Jerizalem nan syèl la bare ak yon gwo miray. » Pouki sa li gen 12 pòt ki gen 12 anj pou gade yo? … Rev.21:12   Eske jis nan syèl la Satan kap pran daso ? Janmen. Jezi vle sèlman bay nou plis asirans ke Legliz li pral gen yon sekirite zero fot. E ki jan nou fè sa, nou menm ki sou planèt saa?

I. **Dabò se pou w bay sekirite nan zafè lajan.**
1. Lajan pa bay bonè men ou mèt kwè sa, li kontribye a bonè nan yon sans.
    a. Yon menaj kap trennen pa kapab kontan, sitou si sa soti nan yon mari ki ensousyan. Ou mèt tann ap gen anpil pale anpil. Ki jan w konprann ke yon nonm refize travay paske madanm li gen yon bon jòb? Entretan li manje anpil, li abiye tankou pan, lap abize madanm li san gade dèyè? Ki sa nonm sa fè ak diyite? Sa plis ke yon abi, se yon vòl paske se lòm Bondye te bay reskonsablite pou okipe madanm li. Fanm nan la pou ede l men tout chaj la se pou lòm li ye.
    b. Kijan ou kap konprann ke boparan yo ranje yo pou rete kay pitit yo de fason pou yo kap kontwole maryaj la ou byen pou yo kapab fè ekonomi?

Gade ti zwazo yo. Yo fè nich yo. Men kan ti zwazo yo kap vole pou kont yo, manman an ak papaa pa gade yo nan nich la. Ef.5:31

II. Li dwe bay li sekirite pou kò l

Ni madanm ni mouche dwe pou kenbe kò a ak bon twalèt, èspò ak bon manje. 1Tes.5:23

Cheve yo, dan yo ak pye yo e tou kote ki entim nan kò a dwe pou nan swen toutan. Si moun nan gen move alèn, li dwe korije sa.

a. Pou kenbe sante a
b. Pou yo kap zanmi plis
c. Pou yo konsève kò a, nanm nan ak lèspri a pwòp jouk Jezikri tounen. 1Tès.5:23; 1Ti.4:8

III. Li dwe bay li sekirite èspirityèl

Si de moun marye yo pa lapriyè ansanm, yap gade konsa, yap wè maryaj la glise desann nan pèdisyon. Ou kap toujou priye pou kont ou kan ou vle, men menaj la dwe priye ansanm pou anpil rezon.

1. Se twa mistè ki fè maryaj la: Bondye, lòm ak madanm li
2. Si ou vle konnen si Bondye nan mitan nou, nou dwe pote maryaj la chak jou devan l pou l fè sèvis ladan. Ebre.4:16
3. Se sèl fason pou mistè nan maryaj la ka konsève ant madanm nan ak mari l. Ef.5:32

Si se pa sa, ap gen mepri, abandon, rankin, mechanste, vyolans epi kant ou bat je w, maryaj la sonbre nan divòs.

Pou fini

Si Jezi pat la, maryaj la nan bouk Kana a te gate. Pa fè sòt ou. Rele Jezi pou ka pa w la.

Kesyon

1. Di nou twa kalite sekirite nan maryaj la?
   Sekirite ak lajan, sante ak sekirite èspirityèl
2. Ki wòl lajan nan menaj la? Li kontribye pou fè moun yo kontan
3. Ki moun ki dwe reskonsab gwo depans nan menaj la? Mari a
4. Ki jan pou nou mentni sekirite pou kò a?
   Yo dwe swen kò a ak bon manje, bon twalèt. Yo dwe fè èspò.
5. Pouki sa?
   Paske nou reskonsab pou kò nou devan Bondye.
6. Ki jan pou nou bay sekirite èspirityèl?
   Menaj la dwe priye ansanm
7. Pouki sa?
   a. Paske se twa mistè ki fè maryaj la : Bondye, mesye a ak madanm nan
   b. Paske yo dwe renouvle pwomès maryaj la chak jou devan l
8. Ki sa ki kap rive si nou neglije fè sa?
   Ap gen mepri, abandon, rankin, mechanste, vyolans ak separasyon

Leson 9   Sinkyèm ja ki pou plen an : Ja bèlte a

Tèks pou prepare leson an : Pwo.31 : 11-31 ; Ekl. 12 :3-9 ; Eza. 53 : 2
Vèsè pou li nan klas la : Pwo 31: 10-12, 28-31
Vèsè pou resite : Bèl fanm pa di bon madanm pou sa. Bèl figi pa la pou lontan. Men ya fè lwanj pou fanm ki gen krentif pou Senyè a. **Pwo.31 : 30**
Fason pou fè leson an: Diskou, konparezon, kesyon
Bi leson an : Montre enpòtans bèlte nan kò a ak nan karaktè pou maryaj la ka dire.

Pou komanse
Gen de lè moun yo pa konprann sa bote ye. Yo kwè se bèl figi. Pa eksperyans, nou wè se le kontrè.

Gen twa kalite bote ki gran anpil
Nou di sa paske chak moun wè bote a yon jan.
Gen moun ki wè l nan yon sans fizik, yonn nan yon sans moral, yonn nan yon sans èspirityèl.

I. **An nou wè bèl figi a**:
   1. Li atire w, ou tonbe pou li tan ke moun nan nan bon twalèt. Li bay ou yon ti lafyèv pou yon ti tan. Men kan figi a komanse ride, zo machwè ap soti, cheve yo ap blanchi, gen grenn dan ki manke, lè saa bote nan machwè a ale. Moun nan kokobe, lap mache sou baton, lap tranble. Pawòl yo mal pou vini. Ou pè soti deyò. Moun komanse bliye w. Yo pa pale de ou ankò.
      Ekl. 12 : 3-9
   2. Salomon ta di: «Bèl machwè se vanite».
         Pwo.31 : 10a
   3. Chagren, malmennen ak maladi ka kraze ja sa.
   4. Pa bliye ke se pa yon bo gason ki te sove le monn. Jezi pat gen bèl machwè, ni gangans, se pat chèlbè li te chèlbè ki te atire moun sou li. Eza.53 :2

II. **Bèlte nan karaktè**

Sa se yon bèlte tout bon vre.

Ou wè l nan onètete, nan jistis, nan seryezite ak nan sans reskonsablite moun nan. Li soti tou nan tanperaman moun nan, nan konn pale li, nann konn konprann li ak nan fason li konn viv ak moun.

Men yon modèl fanm ki bèl nan karaktè l:
1. Li debouya. L ap ede mari l. Pwo.31 : 13, 18
2. Li yon bon manman. Pwo. 31 : 15
b. Li okipe kay li tankou yon rè n nan yon riche myèl. Pwo.31; 15b
1. Li konn fè komès e lap sere pou demen.   Pwo. 31: 16, 25
2. Li pa janm ap mimire. Poutan menm, li mare senti l, li gonfle ponyèt li pou l travay.   Pwo. 31 : 17
3. Li sere ti kòb pou l fè moun charite. Pwo. 31: 20
4. Li leve tèt mari l nan la sosyete a. Pwo. 31: 23
5. Mari l ak pitit li fyè de li. Pwo. 31 : 27
6. Zafè moun pa regade l. Pwo.31 : 27

Yon jiri ki onèt ta dwe bay madanm saa premye pri a. Tout moun wè li loreya, se li ki ta dwe rè n sou tèt le monn antye. Pwo. 31 :29

Pou fini

Madanm saa se yon moso ki ra. Eske se li ki madanm ou kounyeya?   Sinon, ale kote Jezi. Ou mèt mande l. Li kap konpoze yonn konsa pou w. Li te fè l pou Adan pouki pou l pa ta fè l pou rou tou?

Kesyon

1. Ki jan nou gade bèlte nan moun ki marye yo?
   Bèlte nan kò, nan karaktè ak nan vi èspirityèl yo.
2. Ki wòl bèlte figi gen nan maryaj la?
   Li atire moun, li fè w tonbe pou li toutotan ke moun nan kap kenbe bèl twalèt li.
3. Ki wòl bèlte karaktè a?
   Li touche kè w e li rejwi nanm ou.
4. Ki kote l soti?
   Nan manyè moun nan, nan konn viv li, nan konn pale ak moun e nan fason li kap konprann moun
5. Bay nou omwen senk egzanp de yon fanm ki gen bèlte nan karaktè l
   Li debouya, li bon manman, li gen men laj, li gen charite, li fidèl a mari l
6. Di si se vre ou si se fo
   a. Jezi te sove nou paske li te yon bo gason. __ V __ F
   b. Depi ou bo gason ou pa bezwen fè anyen ankò pou gran nèg. __V __F
   c. Bèlte nan karaktè pi bon pase bèlte nan machwè. __ V __ F

Leson 10   Sizyèm ja ki pou plen an: Se Bèlte èspirityèl la

Tèks pou prepare leson an: 1Sam.16:7; Sòm.15:4;46:11;Ekl.7:20; Jan. 7:24; 8:15; Tra.10:34; 16:31; Wom.3:10;1Ko.16 :2 ; Kol.3:13; 1Ti.4 :8; Jak. 2:4; 1Jan.1:10: 3:14
Vèsè pou li nan klas la : Fil.4:8-9
Vèsè pou resite : Si nan yon sans sa bon pou nou chèche fè èspò, pou kenbe kò nou anfòm, sa pi bon toujou, epi nan tout sans, pou nou fè jefò nan sèvis Bondye. Paske sa ap garanti nou lavi pou kounyeya ak pou tou tan. **1Ti. 4 :8**
Fason pou fè leson an: Diskou, konparezon, kesyon
Bi leson an : Montre jan bèlte èspirityèl la gen plis valè toujou pase bèlte nan kò ak nan karaktè.

Pou komanse
Nan ka sila a nou gen yon pwoblèm paske nou pa kapab di ki moun ki espirityèl ki moun ki pa èspirityèl. Dayè Jezi defann nou jije sou aparans. Sisesa, an nou chèche prèv yo. Sòm.15; 1Sam.16:7; Jan. 7:24; 8:15

I. Kèk kesyon pou w poze pou konnen si moun nan èspirityèl
  1. Ki jan moun nan reyaji devan rayisman ak vanjans?
  2. Eske li prèt pou rekonsilyasyon si yon moun ta ofanse l ? Kol.3 :13
  3. Eske li dakò ke l gen tò pou l sa repare l?
  4. Eske li jwen èskiz pou fòt li pandan ke lap blanmen lòt moun pou menm fòt la?
  5. Eske li pa gen moun pa nan jijman yo pou l sa pwoteje pwòp enterè l?
  6. Eske li pa raysab? 1Jan.3 :14
  7. Eske li tolere moun ki ensipòtab?
  8. Eske li chèche dabò sa ki fè Bondye kontan menm si sa pa nan avantaj pa l? Sòm.15 :4
  9. Eske li pa gade moun sou koulè ak sou ras yo ? Tra.10 :34 ; Jak.2 :4

10. Ki plas li bay Bondye nan bidjè l, nan fanmiy l ak nan avni l? 1Kor.16 :2
11. Eske li bay premye plas a Bondye, Fanmiy ak Patri l? Sòm. 46: 11; Tra.16:31
12. Konnen byen ke bèlte sa ka kenbe sèlman si ou kite Jezi ranpli ja bèlte a. Li va chanje dlo chagren w pou fè l tounen diven lajwa ak lwanj pou Senyè a.

II. Koman Jezi aji devan feblès nou yo
1. Li konnen byen ke tout pitit Adan yo ka chite. Ekl. 7 :20 ; 1Jan.1 :10
2. Tout moun gen pou w rive nan yon pwen, si l vle zero fòt , fòk kan menm li rele Jezi.
3. Tout moun ka rive plen sis ja yo. Jodia yo plen demen yo vid. Wè pa wè, setyèm jaa, se Jezi sèl ki kap bay ou l. Se anwo lap soti bò kot Papa l.
4. Kan sizyèm nan ap fini, pa bezwen gen tèt cho. Konnen ou gen yonn derezèv. Li menm se sous gras Bondye a ki pap janm fini. Bay Jezi bouch li pou l pale e bay li tan pou l aji.

Sizoka lanmou an ak lajwa, ak lapè, ak sekirite kite kay la, rele **Amwe Jezi, pote m sekou**!

Si w pa fè sa, ou pap janm bwè bon diven an, men ou va pase tout rès vi w ap bwè dlo chagren ak desèpsyon.

Pou fini
Si nou rive nan sèt jou a kote tout ja sa yo vid, tout swit mete ajenou. Voye yon telegram bay Jezi. Si w pa gen tan fè sa, fwaye a ap gate e Dyab la ap chanpyon.

Kesyon

1. Ki prekosyon pou nou pran kant nap pale de bèlte èspirityèl?
   Nou pa dwe jije sou aparans
2. Ki jan pou w rekonèt bèlte èspirityèl?
   a. Kant nou bay Bondye premye plas nan bisnis nou
   b. Kant nou pa chèche vanjans ak rayisman
   c. Kant nou admèt tò nou fè moun
   d. Kant nou pa gen moun pa nan jijman yo
   e. Kant nou gen tolerans pou sila yo ki pi fèb pase nou an
   f. Kant nou pa gade moun sou koulè po ak sou ras yo
3. Koman Jezi reyaji devan feblès nou yo?
   Li bay nou sa nou manke
4. Ki sa pou nou fè pou nou rele Jezi lè nou nan ka?
   Voye yon telegram bay li nan jenn ak la priyè.

Leson 11 Ja yo ki pa kapab kenbe bon diven an

Tèks pou prepare leson an: Jenèz 28 : 10-13 ; Sòm.15:3; Pwo.16:28; Mat.18:10; Jan. 1 :46-51 ; 16:13; 2Ko.4:7; Fil. 2:13; Ebre.1:14; Rev.22:9-15

Vèsè pou li nan klas la : Rev.22:9-15

Vèsè pou resite : Men nou tout kap pote richès Bondye sa nan kè nou, nou tankou veso ki fèt an tè. **2Co. 4 :7**

Fason pou fè leson an : Diskou, konparezon, kesyon

Bi leson an : Ankouraje kretyen yo pou yo lage kò nan men Jezi ki konn fè bon kannari.

Pou komanse

Tout ja se ja men tout ja pa menm. Gen menm ki pa vo anyen. Mwen ta dwe mennen nou kay moun yo ki fè kannari yo men sa kap pran twòp tan. Kite m pran sila yo ki tou pre nou an.

I. **Gens se po flè pou dekore devan pòt:**
    Flè sa yo la pou tout moun ki vle manyen yo.
    Gen flè ki pa gen pafen ditou. Yo la sèlman pou fè bèbèl.
    Sa se medam yo ki vann chè yo pou fè lajan ou ki lage kò nan plezi.

II. **Gen po pou mete pepinyè**:
    1. Po sa yo plen ak tè men yo pèse anba ak yon bann ti trou. Ou mete fimye nan yo pou swayen ti plant yo nan jaden potaje.
    2. Depi ti plant nan gen fòs, ou transplante l nan gran jaden. Po sa yo pa kapab fè lòt travay.
        Yo sanble ak jenn ti gason ki kite lekòl pou yap swen jennès retrete ak pitit jennès sa yo. Se ja sa nou di ki plen trou yo. Yo pa gen kote pou resevwa bon diven ledikasyon.

III. **Gen po pou moun fè ti bezwen yo lanwit**
     Ou pa kapab mete yo nan salon.

Sa se jenn gason ki livre yo nan dwòg. Yo gen tout kalite vye mo kap soti nan bouch.

IV. **Gen po ki pa gen kouveti: yo pa kap fè bagay serye**
Sa se jenn gason ki fini. Yo tonbe nan ganstè. Moun kap peye yo pou fè nenpòt move zak. Sòm.15 :3

V. **Gen po ki fele. Yo pa kapab kenbe anyen**
Sa se jenn gason ki flatè, ki mantè tou. Satan kap itilize yo pou twonpe w. Rev.22:15

VI. **Gen po ki twò mens**:
1. Ou pa kapab pran chans mete bon diven w la dan. Sa se jenn jan frajil, ki pa gen karaktè di tou. Ou pa kapab konte sou yo pou anyen. Wa wont. Pwo.16 :28
2. Sonje ke chak ja nan nòs la te kap kenbe 20 galon. Ou fin wè ki lepesè yo te kap genyen pou kenbe diven nivo a.

VII. **Chak kretyen se ja ki fèt ak tè.**
1. Nou tout te pami ja sa yo nou sot pale de yo an. Se Jezi ki repare nou. Apre sa li mete trezò Levanjil la nan la vi nou. 2Kor.4 :7
2. Paske li konnen nou frajil anpil, li voye pou nou Sentespri a pou kondi nou sen e sof nan pye verite a. Jan.16 : 13
3. Li mete zanj yo a dispozisyon nou an pèmanans. Ebre. 1 :14
4. Nou pa wè yo, men yo la pou kenbe nou konpayen nan sèvis nou yo. Rev.22 :9
5. Tout la senn jounen yap monte desann potè komisyon nou yo bay papa Bondye.
Mat.18 :10 ; Jenez 28: 10-13 ; Jan.1 :46-51

Pou fini

Si ou gen zye w pou wè defo m, pa pèdi tan w pou w jije m. Pandan wap pale a, se Jezi kap repare m. Ou mèt tann, kan l fini avè m, se kote w lap vini pou repare lang ou ak zye w pou w aji pi byen. Kan l fini ak nou toude, vi nou ansanm a sèvi dlo a ki tounen diven an pou sèvi tout moun. Fil.2:13

Kesyon

1. Bay konbyen ja ki pa kapab kenbe diven. Di pouki sa.
    a. Po flè. Yo la sèlman pou fè bèbèl.
    b. Po pou mete pepinyè. Yo plen trou anba yo
    c. Vaz pipi. Yo pa la pou parèt nan lasoyete.
    d. Po san kouveti. Yo pa kap garanti w pou diven an pwòp.
    e. Po ki fele. Pa gen anyen yo kap kenbe.
    f. Po ki twò mens. Ou pa kapab pran chans mete bon diven w ladan.
2. A ki moun po flè yo sanble?
   Jenn moun ki bay vijinite yo a nenpòt ki moun pou plezi ak pou lajan.
3. Ki moun po pou pepinyè yo sanble ?
   Jenn jan dezevre. Yo kite lekòl pou yap swen jennès retrete ak pitit moun sa yo
4. Ki moun ki sanble a po fele yo? Jenn jann ki pa kanpe sou anyen.
5. Ki moun ki sanble ak ja twò mens yo?
   Jenn jan ki pa serye ditou.
6. Ki moun ki sanble ak vaz pipi yo? Jenn jan ki livre yo nan dwòg, kap di mo sal nan bouch yo.

Leson 12 Ki sa ki garanti yon bon maryaj

Tèks pou prepare leson an: Jan.5:15; 14:14; Ef. 4 :26 ; 5:23; Kol.3:12-14
Vèsè pou li nan klas la : Kol.3:12-14
Vèsè pou resite : Paske mari a se chèf madanm li men jan Kris la se chèf legliz la. **Ef. 5 :23**
Fason pou fè leson an: Diskou, konparezon, kesyon
Bi leson an : Montre danje ki genyen kant fanm nan vle se li ki pou dirije fwaye a.

Pou komanse
Eske nou konnen ke jodia, seremoni maryaj yo sanble ak makiyaj pou fè figi bèl men ki pa garanti bonè fwaye a ? Sa nou kap fè nan sa ?

I. **An nou wè sa ki te kap garanti l men ki pa garanti l vre:**
   Lajan, pitit, bopè ak bèlmè, fè sèks. Tout sa yo bon nèt, men yo pa kabap anpeche gen vyolans ak krim ki pou kilbite maryaj la nan falèz divòs.

II. **An nou wè sa ki garanti l tout bon vre**
   1. Sèl Jezi ki kapab garanti maryaj la. Sise pa sa, divòs la ka komanse depi premye jou nòs la. Jan.15: 5
      a. Ou pa marye yon sèl jou, men ou dwe marye chak jou e pou toujou.
      b. Jez dwe pou li sinyen nan kontra maryaj la e nan la vi chak moun marye yo. Si se pa sa, maryaj la pa egziste. Jan.14 :14
   2. Yonn antann ak lòt
      Jezi sèk kapab bouche trou vid nan maryaj la.
      Men sa ki bon pou toulede moun marye yo:
      a. Yo dwe konn padonen e bliye sa ki te pase yo pou pa touye patnè a ak pawòl pou blese kè l pou gremesi. Ef.4 :26

b. Yo dwe konn tolere. Pa gen moun ki pafè nan la vi a. Ou bon nan sa mwen m pa bon an. Mwen fò nan sa ou fèb la. Kol.3 :12-14

c. Si nan yon fwaye toulede moun yo gen menm tanperaman, fwaye sa pap pwogrese. Se pa chòk tanperaman men se chòk ide yo ki fè limyè blayi nan mitan nou.

3. Sa pou nou pa janm bliye :

Kan yon patnè asepte lòt la pase sou li, joure yo ap fini epi fwaye a ap mache pi byen. Yon konplete lòt. Yonn rantre nan lòt.

Si ou vle byen gade, moun nan ou marye avè l la.

a. Si ou kon fè ekonomi, li menm li gaspiya.
b. Si ou renmen soti, li menm li renmen chita lakay.
c. Si ou renmen fè plezantri, li menm li pran tout bagay serye.
d. Si ou renmen kouche bonè, li renmen kouche ta.
e. Si ou debouya, li menm li parese.
f. Nou pap fini ak lis saa si nou ta dwe konpare moun ki dou ak patnè l ki vyolan ; moun ki lage kò ak patnè l ki vanyan ; moun ki renmen legliz ak yon patnè ki monden.

Konsa fòk nou blije negosye. Fòk ou konn fèmen zye w, bouche de zorèy ou, bouche tounen w pou w viv ak pwochen w.

Se pa sèl nan komès ki gen jistepri, nan maryaj tou pou afè a kap fèt.

Pou fini

Tanpri, mete ja ou yo pre. Rele Jezi pou l sa plen yo pou w.

Kesyon

1. Ki jan de makiyaj genyen jodia nan maryaj yo?
   a. Bèl mesaj pastè a
   b. Bèl resepsyon ak bèl dans
   c. Kantite moun ki envite
2. Ki bagay enpòtan men ki pa garanti yon maryaj?
   Lajan, pitit, boparan ak sèks
3. Ki sa menm ki garanti l ?
   a. Prezans Jesu toutan nan maryaj la
   b. Senplisite patnè yo
   c. Len konprann lòt, len tolere lòt.
4. Koman ou kap eksplike prezans Jezi nan yon maryaj?
   Li dwe siyen nan kontra maryaj la e nan la vi de moun marye yo.
5. Pouki sa?
   Paske gen bagay kan menm yap manke ke se Jezi sèl ki kap ranplase yo.
6. Ki sa ki kap rive si de patnè yo gen menm tanperaman?
   Fwaye sa pa kap pwogrese.
7. Pouki sa ? Se paske se chòk ide ki fè limyè a blayi.

Lis vèsè yo

1. De jou apre sa te gen yon maryaj lavil Kana nan peyi Galile. Jan.2 :1

2. Lè saa, manman Jezi di moun ki tap sèvi yo : « Fè tout sa l di nou fè » Jan.2 :5

3. Se konsa Jezi te fè premye mirak li lavil Kana nan peyi Galile. Li fè wè pouvwa li. Sa te fè disip li yo kwè nan li. Jan.2 :11

4. Pèsonn pa janm wè Bondye. Men, sèl pitit Bondye a, li menm ki Bondye tou, li menm kap viv kòtakòt ak Papa l, li menm fè moun konnen Bondye. Jan.1 :18

5. Nou menm mari yo, se pou nou renmen madanm nou menm jan Kris la te renmen Legliz la, jouk li te asepte mouri pou li. Ep.5 :25

6. Se pou nou toujou kontan nan lavi n'ap mennen ansanm nan Senyè a. M'ap repete l ankò : Fè kè nou kontan anpil. Fil.4 :4

7. Fè tout sa nou kapab pou nou viv byen ak tout moun mezi nou wè nou ka fè li. Wom. 12 :18

8. Pèsonn pa janm rayi kò li. Okontrè, li ba l manje, li pran swen li tankou Kris la ap fè sa pou legliz la. Ef. 5 : 29

9. Bèl fanm pa di bon madanm pou sa. Bèl figi pa la pou lontan. Men ya fè lwanj pou fanm ki gen krentif pou Senyè a. Pwo.31 : 30

10. : Si nan yon sans sa bon pou nou chèche fè èspò, pou kenbe kò nou anfòm, sa pi bon toujou, epi nan tout sans, pou nou fè jefò nan sèvis Bondye. Paske sa ap garanti lavi pou kounyeya ak pou tou tan. 1Ti. 4 :8

11. Men nou tout kap pote richès Bondye sa nan kè nou, nou tankou veso ki fèt an tè. 2Co. 4 :7

12. Paske mari a se chèf madanm li men jan Kris la se chèf legliz la. Ep. 5 :23

Seri 4

Mak Jezi ak Mak Bèt la

Avangou

Tout sa ki fabrike nan izin yo gen yon mak fabrik. Bondye gen mak fabrik pa l li mete sou tout moun ak sou tout bagay. Jòb 37 :7

Kote sa soti menm pou yon pati moun genyen Mak Jezi sou yo, yon lòt pati gen Mak Bèt la sou yo? Di m sa w vle, Satan vyole dwa Bondye pou l jwe nan tèt moun ki gen tèt di yo, ki inyoran yo ou ki mechan yo.

Nan liv sa nou pral konnen ki valè sinyati Bondye genyen e ki jan pou nou pringa nou kont riz Dyab la. An nou fè rèspè nou.

Pastè. Renaut Pierre-Louis

Leson 1   Mak ki sou Kayen an

Tèks pou prepare leson an : Jenèz. 4 :1-24 ; Sòm .1 :1-6
Vèsè pou li nan klas la : Jenèz. 4 : 8-15
Vèsè pou resite : Senyè a di : Non, paske, si yon moun touye Kayen, y'ap fè l peye sa sèt fwa. Se konsa, li mete yon siy sou Kayen pou moun pa touye l si yo jwen li. **Jenèz. 4 : 15**
Fason pou fè leson an: Diskou, konparezon, kesyon
Bi leson an : Montre ke menm lè Bondye ap pini mechan yo, li bay yo tan pou yo sa repanti.

Pou komanse
Kayen touye frè li Abèl. Sete premye kri m nou konnen ki te komèt sou la tè. Li tap kalkile sa nan sèvo l, li fè l e sa te gen gwo konsekans.

I. Ki jan Bondye mete misye devan konsyans li ?
   1. Avan li bay li santans li, li poze misye yon kesyon. Li mande l : «ki sa ou sot fè la ?
      Jenèz. 4 : 10
      Eske w mwen pat mete w an gad pou w pat fè l? Jenèz 4:7
      Eske m pat di w ki konsekans sa tap genyen?
   2. Kounyeya ma p bay ou twa pinisyon :
      a. Mwen modi kote w te fè kri m nan.
         Jenèz. 4: 11
      b. Latè pap bay ou menm rann man ankò.
         Jenèz 4 :12.
      c. Ou pral mache fè sanzave kote w pase. Jenèz.4 :12

II. Ki jan Kayen te pran koze saa?
   1. Misye te santi l kraze. Jenèz.4 :13
      Kant li te di Bondye, chatiman sa two rèd, li pap kap sipòte l, li te gen lide touye tèt li. Jenèz.4 :14
   2. Nou déjà wè sa li pra l fè :
      a. Li ale kote ki lwen pou li pa mele ak Bondye

Jenèz. 4 : 16
Moun konsyans yo barase, se ya yo fè : Yo pa vle tande pale de Bondye. Pa gen moun ki pou fè yo ale legliz..
  b. Kayen bati yon vil. Jenèz. 4 :17
Li sanble ak moun kap touye tèt yo anba travay, ak dwòg ou byen ak plezi pou yo pa bay konsyans yo tan pou pale ak yo.

III. Ki jan Bondye te reyaji nan koze saa ?
1. Li mete yon remak sou Kayen. Ki remak sa ?
   a. Se te yon si y pou kan moun wè l pou yo pa manyen Kayen. Jenèz.4 :15
   Li dwe pote siy sa sou li toutotan lap viv, pou l sa gen kont tan pou peye krim li an.
   b. Se yon si y ki fè moun kouri lwen, pou moun pat frekante l si yo vle beni. Sòm.1 :1
   c. Sete tankou li te yon kat make. Tras kriminèl la soti nan figi l. Depi ou wè l, fòk ou wè sa.
   d. Siy sa te tankou yon inifòm pou Kayen. Menm si li twouve chatiman sa twòp, li te oblije sipòte l. Jenèz. 4 :13
2. Pou ki rezon ankò Bondye te mete si y sa sou Kayen ?
   a. Se te non sèlman pou l peye sa l te fè a, men Bondye mete misye pou l bati yon vil . Se tankou li tap fè travay fòse. La p fè kòve. Bondye pap kite misye ni blese, ni domaje pandan lap fè travay saa. Ni tou li pap kap bat lèstomak li pou pale de li lè travay la fini. Jenez.4 :16
   Si nou gade byen : Se lè li ale lwen Bondye li bati vil saa. Sa vle di, travay sa pa gen dwa beni. Li blije bati l sou non pitit li Enòk paske si li te rele l Kayen, moun tap pè antre ladan. Jenez. 4 :17
   Se pa ke Bondye pat rekonèt fòt Kayen an. Li te itilize talan li genyen kòm enjenyè achitèk pou bati vil la. Jenez. 4 : 17

b. Yon lòt rezon ankò, Bondye te vle avèti nou pou nou pa fè tankou Kayen pou menm malè sa pa rive nou.

Pou fini

Eleve ti moun nou nan Levanjil. Pa kite yo frote ak ti vagabon. Se sèl mwayen pou asire avni yo

Kesyon

1. Ki premye krim nou konnen ki te fèt sou latè?
   Kayen ki te touye frè li Abèl.
2. Ki pinisyon Bondye te ba y li?
   Li modi Kayen, ni latè ak kote krim nan te fèt la
3. Ki jan Kayen te santi l apre sa?
   a. Li te santi l kraze.
   b. Li te vle touye tèt li.
   c. Li al fè anpil travay, li al bati yon vil pou l pa gen tan tande konsyans li kap repwoche l.

4. Pouki sa Bondye pat touye Kayen ?
   a. Pou bay li tan pou l peye krim li te fè a.
   b. Pou bay li tan pou itilize talan li pou lòt moun sa pwofite l
   c. Pour mete moun angad pou w pa imite l
5. Ki jan de si y ki te sou Kayen?
   a. Yon remak pou moun pa touye l
   b. Yon remak a moun ki kriminèl
   c. Yon remak a moun ki mechan

Leson 2 Mak Bondye sou pitit Izrayèl yo

Tèks pou prepare leson an : Jenèz.15 :3 ; 17 :9-14, 24-26; Egz. 12 :1-23 ; Lev.19 : 28 ; No. 6 :22-27
Vèsè pou li nan klas la : No.6 :22-27
Vèsè pou resite : Se konsa y'a nonmen non m, y'a lapriyè nan pye m pou pèp Izrayèl la, epi ma beni yo. **No.6 :27**
Fason pou fè leson an: Diskou, konparezon, kesyon
Bi leson an : Montre ke pèp Izrayèl se pitit Bondye li ye.Li bay li batistè e li mete so sou li.

Pou komanse
Gen yon bagay pou nou remake : depi nou konvèti, Bondye chanje non nou lapoula e li mete yon so sou nou. Ki sa so sa vle di ?

I. Se yon remak pou distenge Izrayèl de payen yo:
Jenèz.17: 9-14, 24-26
1. Premye sila nou te konnen an se te sikonsizyon. Lè Bondye adòpte Abram, li rele l Abraram. Non sa vle di: "papa anpil pitit" Si tèlman li konnen li pral bay misye anpil anpil pitit.
Poutan lè saa, Abram pat gen timoun ditou.
Jenèz. 15:3; 17: 5
2. Depi lè saa, li mande Abraram pou l sa sikonsi. Se te yon remak sou kò tout ti gason yo sèlman. Jenèz. 17 :10-12

II. So sa se te tankou siyati Bondye sou pèp la. No.6 : 22-27
1. Yo te rele l : benediksyon arawon.
    a. Papaa beni pitit lap gade. No.6:24
    b. Sentespri a bay li limyè. No.6 :25
    c. Pitit la bay li gras la. No.6 :26
    d. Se twa moun sa yo nan Bondye, nou rele Trinite ki te gen pou make vi pitit Izrayèl yo. No.6 :27

2. Se sa nou rele siyati Bondye sou batistè pèp la. Ou pa kap wè mak sa ak zye w, men li la. Nob.6: 25-27

III. So sa vle di tou ke Bondye rachte pèp li.

Sonje lè yo tap mare pakèt yo pou kite Lejip, Letènèl te pase lòd sa a Moyiz pou pèp la : «Chak pitit Izrayèl yo dwe touye yon ti mouton. Ya badijonen tou le de poto yo ak lento pòt la ak san mouton an. Egz.12 :7
1. Se san sa ki va pwoteje yo ak tout fanmiy yo. Egz.12 : 13
2. Kan lanj nan kap mache touye moun yo ap pase, yo menm yo va chape anba lanmò. Egz.12 :23
3. Se so Bondye sa ki va pwoteje yo. Se pa tatou li te ye, paske Bondye pa vle wè sa ak zye l.
Lev. 19 :28

Pou fini

Nou wè ki jan Bondye mete pèp li apa nan mitan payen yo! A la bon sa bon pou nou kap di Bondye konte m, dyab pa konte m !

Kesyon

1. Di nou twa mak Bondye sou pèp Izrayèl?
Sikonsizyon, benediksyon arawon ak san sou pòt y oak lento pòt yo lè yo tap kite Lejip.
2. Ki sa Bondye te fè Abram avan li te mande l pou l sikonsi?
Li te chanje non l. Li rele l Abraram
3. Ki jan de moun ki te sikonsi nan tan saa ? Sèlman ti gason yo
4. Ki non nou tande nan benediksyon arawon an ?
Tou le twa non yo ki fè Trinite a
5. Ki sa zak sa te reprezante?
   a. Siyati Bondye sou batistè pèp Izrayèl
   b. Bondye rekonèt li tankou papa pèp la.
6. Ki mak ki te pwoteje pèp Israyèl lè yo tap kite peyi Lejip?
San ti mouton an sou de poto yo ak sou lento pòt la.

Leson 3 Mak Jezikri yo

Tèks pou prepare leson an: Eza.53:1-5; Mat. 8:17;16:18;Lik.4:21;9:51;19:10 ;23:35-37; Jan. 1:12-29; 3:16; 6:29; 12 :27; 14: 3; 19: 24, 28, 36;Tra.20:24; Wo. 5:8; 2Ko.11:23-28; Ga.2:20; 6:17; Ef.4:11-12; 1Tim.2: 3-5; 2Ti.4:7; Ebre.1:14; 9:22; 1Pyè.1:18-19

Vèsè pou li nan klas la : Eza.53: 1-5

Vèsè pou resite : Paske Bondye si tèlman renmen lèzòm, li bay sèl pitit li a pou yo.Tout moun ki va mete konfyans yo nan li, p'ap pèdi la vi yo. Okontrè, y'a gen la vi ki p' ap janm fini an. **Jan.3 :16**

Fason pou fè leson an : diskou, konparezon, kesyon

Bi leson an : Fè tout moun konnen ki sa ki te oblije Jezi rete sou kwaa.

Pou komanse

Malgré tout presyon moun tap bay li pou l te desan kwaa, Jezi pat kapab koute yo. Pouki sa ? Se paske li te genyen kat klou ki te kenbe l. Lik.23 :35-37. Ki kalite klou yo te ye?

I. **Premye klou a se te Volonte Bondye**.
   Bondye vle ke tout moun sove. 1Tim.2 :4
   1. Li pa voye yon anj pou sove nou **paske Anj yo se Espri yo ye, yo pa gen san.** Si san pa koule, pa gen padon. Fòk gen yon moun ki pase nan plas nou, pou san l koule nan plas nou, pou l mouri nan plas nou. Ebre.1 :14; 9:22
   2. Konsa Jezi vin pran yon kò pami nou, **yon kò ki gen san ladan,** pou l vèse san sa pou rachte nou. Jan.1 :14
   3. Sa lakòz Papa a pat kap tande l kant li tap rele anmwe sekou sou bwa kalvè a. Li te dwe konnen ke li menm se ti mouton Bondye a ki te dwe sakrifye pour peye dèt peche nou. Jan.1 :29

II. **Dezyèm klou an se Lamou Bondye**. Jan. 3 :16
   1. Bondye si tèlman renmen nou ke li dakò pou li fè **pi gran kado** a, pou **fè pi gran sakrifis** la pou sove **pi gran pechè** a, pou bay **li pi gran Sali** a. Jan.3:16
   2. Se konsa li montre ke li renmen nou kant li pat gade sou peche nou pou li asèpte ke Kris mouri pou nou. Wom.5 :8

III. **Twazyèm klou ki te kenbe l sou kwa se mo sa ki di:** Se de kwa pou sa Bib la di a te akonpli.
   Jan.19 :24
   Pawòl sa vini tankou se yon litani nan tout kat Evanjil yo. Gade sa pou nou wè :
   1. « Sa pwofèt Ezayi te **di a akonpli** : « Li pran enfimite nou e li pote maladi nou yo sou do l ». Mat. 8 :17
   2. Bagay sa yo nou wè ki rive la, se de kwa pou nou wè pwofesi yo **ki akonpli**. Jan.19 :36
   3. Sa nou soti tande a, se yon pawòl bib la **ki akonpli**. » Lik. 4 : 21

IV. **Katriyèm klou a se batisman Legliz Jezikri** a. Mat.16 :18
   1. Li bati l ak san l. 1Pyè.1:18-19
      a. Li vle fè legliz li ak tout moun ki vle rekonèt li tankou Sovè yo. Jan.1:12
      b. Li sèvi ak legliz pou make viktwa li sou Satan. Mat.16 :18
      c. Li bay Legliz tout sa li bezwen pou l viv e li bay li bon dòz pou l fè travay li. Ef.4 :11-12
   2. Li gen pou l vin chèche Legliz, fiyanse l la, pou maryaj la nan Jerizalèm anwo a. Jan.14 : 3
   Ak yon si gran bi devan l, li pa kapab fè lèd pou l ta desann figi l devan lanmò. Li.9 :51
   Li di se pou l mouri menm li te vini. Jan.12 : 27

V. **Se mak sa yo sou Jezi apòt Pòl ap pale a.** Ga.6 :17
   a. Pòl fè volonte Bondye tout vi l.
   b. Li asèpte tout soufrans akòz Kris.Tra. 20 :24
   c. Li asèpte tout soufrans moun bay li akòz Kris. 2Ko.11 :23-28
   d. Li bliye tèt li pou l lese Kris dirije l. Ga.2 :20
   e. Lifè tout sa l konnen pou plante Legliz yo e pou li bay yo jarèt jiskaske nòs la fèt nan syèl la. Ef.4 :11 ; 2Ti.4 :7

Pou fini

Pou disip la yo te rele Tomaa, fòk li te wè mak klou yo sou men ak sou pye Jezi pou l te kwè ke Jezi te resisite vre. Eske ou menm ou bezwen lòt prèv pou w asepte Jezi pou sovè w e pou w swiv li?

Kesyon

1. Di nou ki kalite klou ki te kenbe Jezi sou kwaa?
   a. Volonte Bondye
   b. Amou Bondye
   c. Pwofesi ki te gen pou akonpli sou Kris
   d. Legliz Kris la ki te dwe fonde ak san li.
2. Ki jan Pòl te pran mak sa yo ?
   a. Tankou yon obligasyon pou l obeyi Bondye
   b. Tankou yon obligasyon pou li soufri akòz Kris.
   c. Tankou yon obligasyon pou li sèvi Bondye.
   d. Tankou yon angajman pou li travay pou avanse ren y Bondye
3. Pouki se pat yon anj Bondye te voye pou sove nou?
   a. Anj yo se espri yo ye. Yo pa gen san.
   b. Fòk san ti mouton an te koule pou rachte nou nan peche nou.
4. Ki jan nou kap eksplike amou Bondye a?
   Pa sakrifis Jezikri pou sove pechè a ki pi mal la.

Leson 4 Mak ki fè konnen ou se kretyen

Tèks pou prepare leson an: Jowèl. 2: 28-29; Jan.1 :12; 15 :4; Trav. 2 :38; 11: 19-30; 13:1-2; 1Ko.9:16; 2Ko.1 :21-22; 8:5; Ga.2 :20; Ef.2: 1-10; 4:30; Kol.3 :1-4; 1Jan.3 :2
Vèsè pou li nan klas la : Trav.11 : 19-26
Vèsè pou resite : Se nan lavil Antyòch sa a premyè fwa, yo te rele disip yo kretyen. **Tra.11 :26b**
Fason pou fè leson an: Diskou, konparezon, kesyon
Bi leson an : Montre ki jan ou kap rekonèt si yon moun kretyen tout bon vre.

Pou komanse

Si ti gason nan peyi Izrayèl te gen mak sikonsizyon an, yon mak moun te kap wè ; si benediksyon arawon an te pou ni ti fi ni ti gason, yon mak moun pat kapab wè, tout kretyen kit li mal, kit li femèl gen sou yo yon mak moun pa wè, men ke wap kapab dekouvri kan menm. Ki mak sa?

I. Se yon mak envisib : Se so Sentespri a

1. Depi ou konveti, ou gen mak Sentespri a sou w ki montre ke ou menm se Bondye ki mèt ou. 2Ko.1 :21-22 ; Ef.4 :30
2. Se pwofesi pwofèt Jowèl la ki te akonpli nan jou lapannkòt la. Li mete espri li sou tout pitit Bondye yo. Jowèl. 2 :28-29 ; Tra. 2 :38
3. Se so sa ki sou nou ki fè Bondye rekonèt nou pou pitit li. Jan.1 :12.
4. Men ki jan pou w demontre sa? Fòk ou ta gen sou w yon mak ke moun kap wè.

II. Men mak ke moun kap wè : Fòk men w ak pye w kap pèse. Sa pa vle di pou w pran yon klou pou w pèse kò w. Janmen!

1. Kretyen an dwe pou li genyen mak Jezikri sou li.

2. Se nan vi l pou mak la parèt. Moun yo ki pa konvèti yo dwe temwaye de atitid nou nan soufrans pou yo kap di ke se kretyen nou ye. Tra.11 :26b
3. Fòk pye nou ak men nou pèse
   a. Pou nou rete tache nan Kris sèl, de kwa pou nou pote fwi.Jan.15 :4
   b. Pou nou kap sanble ak Kris tèt koupe. 1Jn.3 :2
   c. Vi nou ak byen nou posede dwe patisipe nan travay mèt la. Se lè sa nou kap chante :
   «Vi mwen pa pou mwen ankò
   Puiske Sovè m nan mande l
   Mwen bay li san m pa gade dèyè»

Wap kontribye byen paske men w ak pye w yo pèse pou w sa soufri pou Legliz Bondye ak frè ou yo. Gade ki jan lasechrès frape kretyen yo nan peyi Jide. La menm, kretyen nan vil Antyòch la fè yon kolèt, yo renmèt li a Pòl ak Banabas pou pote bay yo.
Tra.11: 28-30

II. Ki jan pou w rekonèt ke pye w ak men w pèse?

Kant men w ak pye w pèse nan levanjil, wap rete nan Levanjil. Ou pral preche malgre pèsekisyon. Wap rete nan chemen evanjelizayon an san gade dèyè. Tra.11: 19
1. Ou santi w oblije anseye moun pawòl la.
   a. Gade ki jan Banabas pran Pol, li mennen l nan vil Antyòch pou yo louvri yon legliz. Tra.11 :26
   b. Pòl menm voye madichon sou pwop tèt li si l pa ale preche levanjil. 1Ko.9 :16
2. Wap soutni lèv misyonè yo
3. Wap jene e priye pou yo. Tra.13 :1-2
4. Wap kontribye jan w kapab pou soutni yo. 2Ko.8 : 5
5. Wa sèvi ak lajan w, ak talan Bondye bay ou pou ede yo. .2Ko.8 :5

Pou fini

Si w gen mak klou Jezi yo sou w, moun gen pou wè sa nan pawòl ak nan zak ou. Moun ki pa konvèti yo ap wè sa pou yo rann temwayaj pou rou, e ya di konsa : Sa se yon kretyen tout bon li ye !

Kesyon

1. Nan ki peyi yo te rele disip yo kretyen pou la premyè fwa ?
   A Antyòch, nan yon peyi payen
2. Ki mak envisib tout kretyen genyen?
   So Sentespri a.
3. Ki jan pou w fè pou w rekonèt yon kretyen ?
   Li dwe gen ni men l ni pye l pèse tankou Jezi.
4. Koman ou kap eksplike sa ?
   a. Li dwe livre vi l ak tou byen li nan travay Senyè a.
   b. Li dwe kontribye pou travay Senyè a.
   c. Li dwe sèvi lòt moun akòz Jezikri.
5. Bay nou kat egzanp
   Li dwe preche, anseye, kontribye, jene e priye.
6. Vre ou byen fo
   a. Yon kretyen fèt pou w gen tatou sou po kò w   _ V _ F
   b. Yon kretyen dwe ale preche pawòl la __ V __ F
   c. Kretyen dwe preche menm si yo pèsekite l.   _ V _ F
   d. Bon kondit yon kretyen se pou l fèmen bouch li devan payen yo. _ V _ F
   e. Pou you moun kap bon kretyen li dwe ale wè yon dòtè pou fè l pèse men l ak pye l. _V_F
   f. Pou yon moun kap bon kretyen, se pou l mete yon kwa nan kou l e li dwe mete yon mayo ki gen foto Jezikri. __V __ F

Leson 5 Mak ki fè konnen ou se kretyen (rès la)

Tèks pou prepare leson an : Eza.53 :4 ; Mat. 7 :1-2 ; 12 :20 ; Jan. 4 :29 ; 8 :12 ; Trav. 2 : 44-45 ; 4 :32 ; 20 :24 ; Wo.12 :3 ; 1Ko.13 :4 ; 2Ko.6 :4-10 ; Ga.6 :1-17 ; Fil.2 :5-11 ; Jak.3 :2 ; 1Jan.3 :16
Vèsè pou li nan klas la : 2Ko.6 :4-10
Vèsè pou resite : Apre sa pinga pèsonn ban m traka ankò.Paske, mak m'ap pote nan kò mwen moutre se esklav Jezikri mwen ye. **Ga.6 :17**
Fason pou fè leson an: Diskou, konparezon, kesyon
Bi leson an: Montre kalite èspirityèl nan vi yon kretyen

Pou komanse
Ou pa gen dwa di ou se kretyen si w pa pote sou w mak Jezikri. Mak sa yo vle di kalite èspirityèl yo kap jwen kay ou.

I. Premye mak la se tandrès ak dousè
1. Se pa kant ou pran ti dwèt ou pu w fè siy kwa sou fontènn, sou boucha k lèstomak ou.
   Kretyen konnen konbyen sa te koute Jezi pou sove l. Pwofèt Ezayi di ke li te soufri pou sove nou. Ezayi 53 :4
   a. Menm jan tou, nou dwe asepte soufri pou frè nou yo akòz de Jezikri. 1Jan.3 :16
   b. Konsa, kant yon frè nou ta chite, nou ka ede l soti nan chit la ak dousè ak anpil prekosyon. Ga. 6 :1
2. Anmenm tan tou, nap pran prekosyon pou nou pa tonbe nan menm bagay la tou, paske nou tout genyen yon kote nou fèb tankou frè nou an ki te tonbe a. Se Apòt Jak ki di nou sa.
   Ga.6 :1 ; Ja.3 :2

II. Deyèm mak kretyen an se imilite
Se li ki pi gwo vèti nan vi yon kretyen. Se ak imilite Jezi te gen viktwa sou la kwaa. Li fè l piti a san pou san, konsa Bondye leve l tou a san pou san. Fil. 2 : 5-11

Ki jan pou yon moun fè rekonèt mak sa yo nan yon kretyen?
1. Se kant li temwaye pou Kris olye li chèche leve tèt li. Jan.4 : 29 ; Wom.12 :3
2. Se lè li asepte mache dèyè Jezi pye pou pye. Jan.8 :12
3. Se lè lap viv pou Bondye san l pa okipe sa moun ap di de li. Tra. 20 :24
   a. Se sa ki fè li pa vante tèt li ni li pa konpare l ak okenn moun. 1Ko.13 :4
   b. Li déjà konnen ke li gen gwo dosye devan Bondye, li pap pèdi tan l pou l ap pale moun mal. Mat. 7 : 1-2

III. **Twayèm mak la se la rekonesans ak sans reskonsablite.** Ga. 6 :6-10
1. Depi w kretyen, ou anvi separe sa w genyen ak lòt yo.Tra. 2 : 44-45 ; 4 :32
2. Sa fèt tou natirèl kay li, kant la sonje ke sa li ap jwi nan Jezi pa gen konparezon ak anyen sou la tè. Yon lòt bagay ankò, li konnen pou l fè di byen a moun ki bay li mesaj Levanjil la.
   Ga. 6 : 6

Pou fini
Lè l konsa, tout moun a konnen ke ou menm se kretyen si nou gen amou yonn pou lòt.

Kesyon

1. Di nou ki mak ki sou kretyen yo
   Dousè, imilite, rekonesans ak sans reskonsablite
2. Ki jan pou w rekonèt li gen sans reskonsablite ?
   a. Li konnen li redevab anvè moun ki bay li pawòl la
   b. Li renmen bay e li renmen rann sèvis.
3. Ki jan pou w rekonèt ke li gen dousè ?
   Se nan fason li pou egzote yon frè ki tonbe nan yon peche.
4. Ki jan pou w rekonèt ke li gen imilité ?
   a. Kant li konfese fòt li.
   b. Kant li pap leve tèt li tou tan pou pale de li
   c. Kant lap mache nan tras Jezikri.
5. Pouki sa li aji ak dousè ak pwochen l?
   Paske li padonen koupab la menm jan Kris te padonen l.
6. Pouki sa li pa pran tan pou jije moun?
   Paske li konnen li gen twòp kont pou rann Bondye ke li pap pèdi tan ap okipe zafè lòt moun.

Leson 6   Bèt la

Tèks pou prepare leson an: Wo.13: 11-12; Rev. 13:1-18; 17: 1-18; 18:1-8
Vèsè pou li nan klas la : Rev.13 :1-10
Vèsè pou resite: Bagay sa a mande anpil bon konprann. Moun ki gen konprann ka rezoud pwoblèm nimewo bèt la. Nimewo sa a se non yon moun li ye. Men nimewo a: sisanswasannsis.
Rev.13 : 18
Fason pou fè leson an: Diskou, konparezon, kesyon
Bi leson an : Fè kretyen yo sonje ke li pa two ta pou yon pèsekosyon leve kont yo pou fwa yo nan Jezikri.

Pou komanse

Avan nou pale de Mak Bèt la, fòk nou ta pale de Bèt la li menm. Ki sa li ye ? Eske se yon moun ? Eske se yon sistèm politik ki kouvri tout la tè ? Eske se yon pwensip? Ki jan menm pou nou ta prezante w li?

I. **Bèt la se yon sistèm relijye**:

Yo rele Bèt la « manman sitirèz nan pwostitisyon ak tout move bagay ki fèt sou tè saa.» Rev.17 :5

1. Li gen yon gwo enflyans sou tout gwo chèf yon nan monn nan. Li fè gwo komès ak yo. Li adòpte menm pwensip gouvèman yo nan peyi li etabli. Rev.17 :1-2

   a. Li gen dwa voye yon lèt li rele **ansiklik** nan tout legliz nan le monn antye e la menm yo egzekite sa l di a.

   b. Li tèlman gen otorite ke nan kenzyèm syèk la, Legliz Katolik nan peyi Espan y louvri yon tribinal yo rele l Enkizisyon pou jije, maltrete e touye tout protestan nan peyi an.

   c. Te gen yon rè n nan peyi Lafrans yo te rele Katrin de Medisi, li pote pitit li Wa Chal 9 pou siyen yon dekrè ke yo te gen pou egzekite l jou fèt Sen Batelemi nan 24 Daou 1572. Yo te deside ke kant mès sa te fini, pou yo fè tankou yap rekonsilye ak Pwotestan yo. Se lè sa yo te

pwofite pou masakre 3000 pwotestan ki tap viv nan pey LaFrans.
2. Se yon legliz ki rich Li boure ak lò ak anpil lòt. Rev.17 :4
De dizyèm a kenzyèm syèk, Kwaze katolik yo fè dap piyan sou tout lye Sen yo nan Palestin. Yo bati sou yo pwòp tanp yo. Se konsa yo te fè richès yo. Jodia, yo pran franmason, rozikrisyen, bòkò mete nan mitan yo depi yo asèpte batize, yo deja rele yo kretyen. Lapòt jan rele l gwo jenès ki nan vi debòch ak wa yo. Gen yon non ki te ekri sou fontenn li:Gran Babilon, manman jenès la ak tout bagay sal kap fèt sou la tè. Rev.17 : 1-4
Jézi di nou pou nou pran gad nou pou nou pa mele ak li pou nou pa sal nanm nou. Rev.18 :4-5

II. **Bèt la se yon mons**
Li se yon bèt ki gen sèt tèt ak dis kòn, lap soti anba lanmè.
1. Fanm sa se yon senbòl Vatikan an. Rev.17 :9
2. Sèt tèt yo se sèt tèt mò n. Rev.17 :9
Se sèl vil Wòm nan kote Vatikan ye a ki gen sèt tèt mò n yo rele yo Septimontium. Men non yo: *Palatium, Velia, Subure, Sermalus, Kayelius, Opius, Sispius.*
Dis kòn yo se dis wa ki te toujou mete tèt yo ansanm nan peyi Ewòp la nan tan Wòm tap dirije nan tan lontan. Se yo menm kounyeya ki mete tèt yo ansanm pou fè Mache Komen Ewopeyen an. Se Lèspan y, Alman y, Polò y, Tchekoslovaki, Grès, Peyiba, Bilgari, Angletè, Lafrans ak Itali.
   a. Mache Komen sa gen pou l tonbe anfayit, yo pral fasilman bay pouvwa yo a Pap la pou gen yon sèl gouvèman nan lemonn antye.
   b. Se nan demach sa yo ke yo pral bat pou mete tout legliz pwotestan yo anba zèl yo pou gen yon sèl legliz. Moun ki pa dakò, yo pral pèsekite yo dapre sa ke kadinal Levada te di.
   c. Se sa ki fè depi lane 1958, pap Jan 23 nan Vatikan 2 (ane 1962 a 1965) angaje ofisyèlman Legliz katolik pou

fè mouvman **ekimenik pou tout ansanm fè yonn**. Pap Jan Pòl 2 vini ak lide sa ankò nan lane 1995.
Si tout sa ki di la pa sanble ak Bèt la, nou pap diskite sa. Men nou dwe pou atann nou a yon gouvèman ki pou dirije lemonnn antye. Map di nou ke pwofeti yo ap mache byen vit. Nou mèt rete tann.

Pou fini

Legliz Jezikri a, se lè pou nou reveye paske delivrans nou pi pre pase lè nou te fèk konvèti. Lannwit lap ap pwoche, bajou ap kase. Debarase vi nou ak vye zak, anpi pran bib nou tankou za m de limyè. Wom.13: 11-12

Kesyon

1. Ki jan yo rele Bèt la nan bib la?
   Manman jenès la ak tout move zak moun ap fè sou tè a.
2. Ki jan li tabli enfliyans li?
   a. Li adopte pwensip gouvèman tout peyi li gen Legliz li
   b. Li fè tout legliz nan le monn antye egzekite desizyon l kan li ekri yo yon lèt, yo rele ansiklik.
   c. Li gen pouvwa sou tout chef deta nan peyi ki resevwa l.
3. Ki jan apòt jan rele l? Grann Babilòn
4. Ki sa Jezikri di nou de li ? Pou nou pa mele avè l.
5. Dapre sa nou wè nan Revelasyon, ki kote li rete ? Sou sèt tèt mòm
6. Ki plan li genyen? Pou li sou tèt tout nayson sou la tè pou l dirije lemonn antye.

Leson 7 Mak Bèt la

Tèks pou prepare leson an: De.6:8; Est.1:1.21-22; Da.3:29; Lik.2:1; Ef.4:30; Rev.13:15-17;14:1;17:2; 20 :4
Vèsè pou li nan klas la: Rev.13 :11-18
Vèsè pou resite : Dezyèm bèt la resevwa pouvwa pou l te fè estati premye bèt la tounen vivan. Konsa estati a ka pale, li ka touye moun ki pa adore l.
Rev.13: 15
Fason pou fè leson an: Diskou, konparezon, kesyon
Bi leson an: Fòtifye fwa kretyen yo avan pèsekisyon an rive

Pou komanse
Pou nu eksplike w byen, chif 6 nan bib la se yon senbòl de lòm ki gen limit. 666 la se senbòl de enkapasite lòm pou pote lapè nan monn saa. Chif 7 se senbòl Bondye ki zero fòt. Nou pral pale w jodia de sekrè ki genyen nan 666.

I. Pouki rezon yo vini ak chif saa?
1. Lap yon mwayen pou idantifye tout moun ki sèvi avè l. Li va gen kote ladan pou mete tout enfòmasyon de vi w, de sante w, de mwayen ou gen pou w viv. Yo pral oblije w mete l sou w paske li pral ranplase lajan moun ap sèvi ak li kounyeya.
   Gen peyi yo oblije moun mete l deja: Ostrali, Nouvèl Zelann, Sid Afrik.
2. Ou pap kapab fè okenn biznis si w pa genyen l sou w. Li kap sèvi w tou pou louvri ou byen pou fèmen oto w, kay w, biro w ak kofre fò w.
3. Si ou gen yon ti moun ki pèdi, li pèmèt ou jwen li fasil paske li gen koneksyon ak Satelit rada ki kap endike w kote pou w jwen ti moun nan.
4. Yon sèl bon kote li genyen, sa pral redui kantite krim mou nap fè yo, paske ou pap bezwen mache ak lajan nan bous ou.

II. **Ki kote yo pral mete l?**
   1. Nan yon sans èspirityèl : sou fontèn ou ou byen sou plat men w. Se pou w di ke se yon bagay kap dominen panse w ak aksyon w. De.6 :8
   2. Fizikman: se yon ti bagay tankou yon pis yap mete nan plat men dwat ou. Dapre rechèch yo fè, se sèl la ou kap mete l pou rechaje ti batri kap fèl mache a. Rev.13 :16-17

III. **Ki sa l vle di?**
   Lè w asèpte yo mete sou w, sa vle di ou dakò pou obeyi a otorite kap gouvènen lemonn antye a. Se pa premye fwa nou tande sa. Sonje ide a te la kant:
   1. Wa Nebikdneza te pibliye yon dekrè pou fòse 120 wayòm ki te anba men l nan peyi Babilon nan, pou yo te obeyi lòd li te pase. Da.3 :29
   2. Asyeris te fè menm bagay la tou sou **127 wayòm** ki te anba men l nan wayòm Pès la. Est.1 :1, 21-22
   3. Pa pale de Seza Ogis. Li te mande pou yo fè yon resansman **pou tout moun sou la tè**. Chak moun te dwe ale fè li nan peyi kote ou te pran nesans la. Lik.2 :1
   4. Grann Babilòn nan se senbòl pouvwa yon legliz pral egzèse sou lemonn antye. Lap enpoze l paske li gen zam e li gen lajan tou. Li pral pèsekite tout moun ki ta refize obeyi l. Rev.13 :15

Pou fini

Kretyen, konnen ke ou déjà gen mak Jezi sou fontèn ou. Rev.14: 1; 22:4.

Malè w si ou kite moun mete mak bèt la sou w ! Ou pap janm ale nan syèl la. Kant a ou menm zanmi m, mwen soupriye w pou w asèpte Jezikri pou Sovè w. Li va mete so l sou w. Se sèl mwayen pou w sove, pou w pa al boule nan dife lanfè. Ef.4:30; Rev.14 1; 20:4

Kesyon

1. Ki sa chif 666 reprezante nan bib la?
   Enkapasite gouvèman yo pou mete la pè nan monn saa.
2. Koman yo rele chif sa nan bib la ? Mak Bèt la.
3. Ki wòl li va genyen?
   Li va sèvi pou idantifye w, li va achiv ki gen tout enfòmasyon sou vi ou ladan.
4. Eske si w vle ou kap pa mete l sou w?
   a. Non. Yo pral oblije w mete l. E ou pap kapab fè okenn tranzaksyon san li.
   b. Yo pral pèsekite w.
6. Ki kote yo pral mete l? Sou fontenn ou ou byen sou plat men dwat ou.
7. Ki sa li vle di ? Lobeyisans a yon gouvèman mondyal
8. Ki wa ki te egzese pouvwa sa nan tan lontan?
   Nebikadneza, Asyeris, Seza Ogis.
6. Vre ou fo
   a. Bèt sa se yon bèt kat pat. __ V __F
   b. Kretyen yo dwe adore Bèt la__ V __F
   c. Jezi pral bay nou fòs pou nou kap reziste nan pèsekisyon yo. __V __ F

Leson 8   Mak Bèt la (rès la)

Tèks pou prepare leson an : Ekl. 8 :6; Rev.6 :15-17; 7 :2 ; 13 :4-8 ; 16 :2; 20 :4 ; 18 :6-8 ; 22 :3-5
Vèsè pou li nan klas la : Rev.17 :7-13
Vèsè pou resite : Bèt la egzije pou tout moun, pitit kou gran, rich kou pòv, esklav kou lib, pou yo resevwa yon mak sou men dwat yo osinon sou fwon yo. **Rev.13 : 16**
Fason pou fè leson an : Diskou, konparezon, kesyon
Bi leson an : Montre ki jan misye 666 pral fè presyon sou tout moun pou oblije yo mete mak bèt la sou yo.

Pou komanse
Eklezias di: Gen yon tan e yon jijman pou tout bagay . Ekl.8 :6
Ki sa kap rive apre sa alafen ?

I. **Pou moun ki asèpte mak sa san pwoblèm.**
  1. Yo va rejwi pou yon ti tan ak bèt la. Rev.13 :4,8
     Men sa pap pran tan pou kolè Bondye tonbe sou yo.
     Yo pral nan toumant lanwit tankou la jounen nan dife lanfè, devan anj yo ak ti mouton an. Rev. 14 :10
  2. Yo pral pèsekite kretyen yo paske yo rebèl a desizyon Bèt la. Rev.13 :7
     Men moun kap pèsekite yo a pral rele anmwe anba jijman Bondye kant yo pral peye pou sa yo te fè. Rev.6:15-17; 18 :6-8

II. **Pou moun ki refize trayi fwa yo.**
  1. Yo pap mal pou rekonèt. Yo tout gen so Kris la sou yo. Rev. 7: 3
  2. Yo pral pèsekite yo. Rev.7 :2
     a. Yap prefere soufri tan pou yo trayi Jezikri. Rev.13 :7
     b. Yap refize mete mak sou fontenn yo ou sou plat men yo. Rev.18 :4
     c. Yap refize tout sa ki gen 666 ladan Rev.20 :4

3. Yo pral resisite anpremye. Dezyèm lanmò a pap gen pouvwa sou yo. Rev.20 :6
4. Jezi ap ekri non yo nan Liv de Vi de ti mouton an. Rev.20 :15
5. Yap rennye ak Kris pandan mil ane. Rev. 20 :4
6. Lè monn sa disparèt, yo pral chita nan letènite nan pye Bondye ak ti mouton an pou yo sevi yo lanwit tankou lajounen. Rev.22 : 3-5

Kenbe sa nan tèt nou, tanpri : Mak Bèt la se pa jou Dimanch. Dimanch soti nan laten Dominikus ki vle di Senyè. Dimanch se jou Senyè a. Se jou kretyen yo. Se pa jou jwif ak moun kap obsève jou Saba. Se jou ki raple nou viktwa Jezi sou Dyab l, sou monn nan ak sou lanmò. Li pat kapab mak bèt.

Pou fini

Map soupriye w zanmi pou w mete vi w nan Bank Bondye nou an. Kant lè a rive pou w leve depo a, ou va fè tiraj nan yon rezèv ki pap janm fini.

Kesyon

1. Ki sa ki va rive a moun ki adore Bèt la ak imaj li ?
    a. Yo va fete pou yon ti tan ak Bèt la.
    b. Bondye pral jete yo nan boukan dife lanfè
2. Ki jan kretyen yo pral pran mak bèt saa?
    a. Yo pral refize mete mak sou fontenn yo ak sou plat men yo.
    b. Yo pral refize tout sa ki gen chif 666 ladan
3. Ki sa ki pral pase yo?
    a. Jezi ap mete so l sou yo
    b. Yo pral pèsekite pou fwa yo
    c. Yo pral leve avan tout moun nan premye rezireksyon an
    d. Yo pral renye ak Kris pou mil ane
    e. Yo va chita nan pye Bondye ak ti mouton an nan letènite.
4. Pouki sa Dimanch pa kapab mak bèt la?
    a. Se jou Senyè a li ye.
    b. Se jou nou selebre rezireksyon Kris la.
    c. Se jou nou selebre viktwa sou le Dyab, lemonn ak lanmò.

Leson 9   Réfòmasyon : Bat pou nou transfòmen

Tèks pou prepare leson an : Sòm .1 : 1-3 ; 119 :11 ; Mat.20 : 20-21 ; Lik.9 :52-56 ; Wom. 12 :1-3 ; 1Ko.11 :1 ; Kol. 3 : 13 ; 1Ti. 1 :13 ; 2Ti.2 :2 ; Tit.2 : 6-8 ; Ebre.13 :8 ; 1Jan.2 :12-14
Vèsè pou li nan klas la : Wo.12 :1-3
Vèsè pou resite : Pa fè menm bagay ak sa moun ap fè sou latè. Men kite Bondye chanje lavi nou nèt lè la fin chanje tout lide ki nan tèt nou. **Wo.12 :2**
Fason pou fè leson an: Diskou, konparezon, kesyon
Bi leson an : Fè kretyen yo pran konsyans sou bezwen yo gen pou yo repanti de movèz kondit yo.

Pou komanse
Si Maten Litè ta tounen kounyeya, ou kwè li tap jwen menm yon tras de Refomasyon an nan Legliz nou yo jodia? Eske Refomasyon an se yon zafè doktrin ou relijyon? Pouki sa nou pa gade l pito sou yon fason èspirityèl? Si se sa, nap gade l nan two fasad nan la vi èspirityèl nou. Se nan konpòtman ti moun, la jenès ak gran moun yo. **Nap pran yo tankou twa senbòl :**

I. Sa ki ti moun nan
1. Se moun ki nan laj ki pa reflechi. Yo pa gen pasyans. Yo boude, yon bougonnen, yo kriye pou nenpòt ti bagay.
2. Ti moun piti a, li egoyis. Moun pa fèt pou manyen ni manman l ni jwèt li. Yo konn fè move jan. Yo kontan e yo fache pou nenpòt bagay.
   Kretyen ki konsa, se ti bebe yo ye. Yo chanèl. Yo poko devlope.
   Jan ekri yo pou fè yo konnen ke Jezi padonen tout peche yo paske yo tap aji nan linyorans. 1Ti.1:13; 1Jan.2: 12
   a. Jan menm te pale tankou yon timoun kan li te mande Jezi pou bay moun yo **Pè Lebren** paske moun yo nan Samari te refize louvri lotèl la pou bay yo ladòmi menm si se te pou kòb yo. Lik. 9: 52-56

b. Apres sa nou wè l tounen kot Jezi ansanm ak frè li Jak pou fè yon demann a timoun. Li vle ke Jezi bay li premye plas a kote l nan wayòm Papa a. Mat.20:20-21

II. Sa ki Jenn moun yo 1Jan.2: 13

Jan di ke li ekri jenn moun yo pou twa rezon:
1. **Premye rezon**: Se paske **yo gen fòs**. 1Jan.2: 14
   Yo gen bon memwa, yo gen fòs nan ponyèt yo, yo ka gen bon djòb pou yo fè gwo lajan. Konsa yo gen fòs nan kò, nan sèvo yo ak nan ti kòb yo.
2. **Deyèm rezon** : Se paske **yo gen memwa** pou sonje Pawòl Bondye a.
   Se fòs èspirityèl la ki bay valè a fòs fizik la. Yo reyisi nan tout sa yap fè paske Pawòl Bondye a rete nan kè yo. Sòm.1 :1-3
3. **Twazyèm rezon** : Se paske yo **gen viktwa sou Dyab la**.
   a. Ou pat kapab gen viktwa sou Dyab la si pawòl Bondye a pa demere nan kè w.
   b. Yon Legliz ki chaje ak jenn konsa, se yon Legliz refomen, renouvle, devlope e li kanpe sou de pye l.
   c. Donk Jenn moun nan se senbòl kretyen kap fè pwogrè nan sèvi Bondye ak tout a yo posede.

III. Sa ki gran moun yo

Jan ekri gran moun yo pou twa rezon tou:
1. **Premye rezon an** : Se paske yo **konvèti depi lontan**. 1Jan.2 :13
2. **Dezyèm rezon** : Se paske yo gen **pèseverans** , **konviksyon** ak gwo la**fwa** nan Jezikri. Kalite sa yo pèmèt yo bay bon egzanp a moun ki fèk konvèti yo, a kretyen ki fèb yo tou. 1Ko.11 :1 ; Tit.2 :6-8
3. **Twazyèm rezon an**: Se paske yo **enstri lòt moun nan sa yo aprann** nan Levanjil la nan bon mamit, sa yo te aprann anba bouch Pòl ak Jan. 2Ti. 2 :2

4. Gran moun yo se senbòl kretyen ki matrite. Yo pap chite fasil.
Si Legliz Kris jodia pèdi fòm li, se pou nou mande ki egzanp ansyen yo kite. E si yo te bay, ki sa nou fè avè l.

Pou fini

Li tan pou nou fè yon egzamen sou jan levanjil la ap mache kounyeya. Sinon, se pou nou mande Bondye pou l voye yon lòt Maten Litè pou refòmen legliz nou yo.

Kesyon

1. Ki jan de refomasyon Legliz ta dwe chèche jodia ?
   Yon devlopman èspirityèl
2. Ki jan nou kap di yon moun se yon bebe èspirityèl li ye ?
   a. Kant li rezonen tankou yon ti moun
   b. Kant li boude, bougonnen ou byen kriye pou tout bagay
   c. Kant li fache ou byen kontan pou nenpòt bagay
3. Ki jan pou w idantifye yon jenn moun nan levanjil?
   Li gen fòs. Li aprann pawòl Bondye a. Li gen viktwa sou Dyab la
4. Sa ki fè sa ? Se paske li gen tou bon sans li sou li. Li kap ofri sèvis li pi fasil nan legliz kote lap mache.
5. Ki jan pou w idantifye moun ki gen matirite yo?
   a. Se dapre fwa yo, konviksyon yo ak peseverans yo nan Levanjil
   b. Se dapre bon egzanp yo bay

Leson 10 Fason yon solda Jezikri fete Aksyon de gras

Tèks pou prepare leson an: Jenèz.49:8;1Sam.17 :43-47; 2Kwo. 20: 21-22; Job.1:7-12; 39:22-28; Sòm. 1:1-6; 13:6; 23:6; 34:1-6; 46:1-11; Eza. 37:35-39; Mat.5:11-12; Jan. 3:30; 5:24; 9:3 ;11: 3-6, 25-26; Tra .14:22; 20 :24; 2Ko.10:12; Fil.1 :21; Jak.1 :1,12

Vèsè pou li nan klas la : Sòm .136 :10-26

Vèsè pou resite : Bondye chita kote ki apa pou li a, li fè tout moun rèspèkte l. Bondye pèp Izrayèl la bay pèp li fòs ak kouraj. Di Bondye mèsi! **Sòm .68 : 36**

Fason pou fè leson an: Diskou, konparezon, kesyon

Bi leson an : Pale de kretyen tankou se yon solda ki rekonesan

Pou komanse

Sa ki fè yon sòlda pi kontan, se lè yo kare l ak yon lènmi sou chann batay la. Li fèt pou sa menm. Yon kretyen tout bon, se yon sòlda pou Kris. Li gen pou l pase tout vi l ap goumen kont Satan. Se la Bondye jwen glwa li. Pouki sa kretyen dwe bay Bondye glwa ?

I. **Dabò se paske Letènèl ki chef lame l toujou kanpe ak li.**
Toutotan ke Satan ap travay, Bondye ap itilize nou pou konbat Satan. Job.1 :7-12 ; Sòm. 46 :12
1. Nan peyi Izrayèl, Bondye te toujou chwazi tribi Jida pou mennen batay yo. Men pouki se tribi Jida li te chwazi? Se paske Jida vle di Lwanj. Komanse bay Bondye lwanj, wa bay mwen nouvèl pou di m sa k pase. Jenèz.49:8
2. Lwanj bay ou lagan y avan batay la komanse. Kant dout fè moun wè jeyan yo, lwanj fè w wè Kanaran, peyi delivrans ak benediksyon an. Kant dout di w pou w fè piti devan lènmi an, lwanj la fè w wè viktwaa. 2Kwo. 20 : 21-22
3. Sòlda Jezikri tout bon an pa pè menm si la tè ta chavire. Pourki sa ? Se paske li wè Bondye nan mitan l. Nan lang

Ebre a yo di : Jewova- shama. Sa vle di: Letènèl isit nan mitan nou.Sòm.46:5-6

II. Letènèl grandi fwa sòldaa

1. Paske li fè Bondye tout konfyans, li gen dwa konprann Sòm 23 :6 konsa: Map rete nan Kazè n Letènèl la jouk mwen mouri.
   Li fonse sou danje a tankou cheval kap pwonnen anba kout twonpèt. Jòb. 39 :22-28
2. Solda Kris tout bon an bay Bondye glwa pou eprèv yo. Pou li, se yon lòt pòtinite li gen pou montre fidelite l a Bondye. Li konnen byen ke gen yon jou kap rive pou Letènèl chef lame li a grade l. Jak.1: 1, 12
3. Li konnen byen ke Bondye pa fatige l pou batay nou yo paske viktwa nou chita nan plat men l. Se nou ki poko konnen sa. Li pito enterese a glwa nou dwe bay pou viktwa ke zye nou poko wè a. Se sa ki fè nan batay wa Jozafa kont twa lènmi li yo, li dakò pou mete koral la devan lame a. San fizi pa tire, li bay Izrayèl viktwa. 2Kwo. 20: 21-22

III. Solda Kris tout bon an pa enterese nan ti batay raz.

1. Li kwè gen yon pyèj ladan. Okontrè, plis danje a gran, plis li fyè pou l fonse sou lènmi an, paske Bonde pa l la ap gen plis glwa.Jan.9: 1-3; 11 :4,15

Jezi te bay nou egzanp sa nan lanmò Laza. Kite m di w tou, lòske ou viv pi vre Jezi ou dwe pou w atann ou a pi gwo soufrans, men ou mèt tann tou pi gwo delivrans. Nou wè li chwazi pi bon zanmi li, Laza pou l pwouve sa. Jan.11 : 3-6

2. Tout fyète solda Kris se swa li genyen ou byen li mouri nan batay la. Li konnen lap viv ou byen lap mouri pou yon gwo kòz. Nou kap pran Janbatis, Pòl ak apòt yo pou egzanp.Yo mouri maltrete pou non Jezi. Jan.3:30; 5:24;11:25-26; Fil.1:21

IV. **Sòlda Kris tout bon an se yon nonm ki bat fè**.
Li fè rejim pou l pèdi pwa, sedekwa pou l gen anpil rezistans. Li dezenvite l ak yon seri de moun pou l sa medite pawòl Bondye toutan. Sòm.1 :1-3 ; Tra.20 :24

1. Kretyèn pwèlpoul la li menm, li tankou yon vye katon ou byen yon papye.Li pa mal pou l pran dife nan nenpòt ti atak. Tra.20 :24; 1Ko. 3 :12-13; 9 :25-27
2. Jezikri jwen glwa nan feblès nou paske li kap sèvi ak nou jan l vle. Se sa ki fè Pòl di: «Lè nou kwè m fèb, se lè sa mwen pi fò.» 2Ko.10 :12

Pou fini

Sonje byen, Jezi pat janm pwomèt nou yon kwa ki fasil. Li di: nou va gen anpil tribilasyon avan nou kap antre nan wayòm Bondye a. Tra.14 :22. Apati de jodia, sispan bay tèt ou valè kant yo pale mal, ou ou byen kant yo meprize w. Fè fèt pito. Bay Bondye glwa. Talè konsa, wa wè Sankerib yo tonbe, miray Jeriko yo tonbe, Golyat yo sispann fè djòlè e ou menm ki ti David wap pran koup delivrans la! 1Sam.17: 43-47; Eza. 37:35-39; Mat. 5 :11-12

Rele byen fò: Viv Letènèl paske li fè m dibyen ! Sòm.13 :6
Lwanj li ap toujou nan bouch mwen.
Sòm .34 :1

Kesyon

1. Ki sa ki fè kè yon sòlda Jezikri kontan?
   a. Se kant li konnen l sou kont Letènèl chef lame a
   b. Se kant li wè fwa l ap grandi nan prezans li.
2. Ki sa ki bay li plis kè kontan?
   Se lè chef la ap kare l ak lènmi an nan batay la.
3. Koman yo rele lènmi nou an? Satan
4. Ki sa ki pi enterese Bondye nan batay nou yo?
   Pou nou bay li Lwanj
5. Pouki sa? Se nan mitan lwanj li chita.
6. Ki sa Jida vle di? Lwanj

7. Ki jan yon sòlda pou Kris dwe wè pwoblèm yo?
   a. Li dwe wè viktwaa avan batay la
   b. Li pa dwe pè menm si tout la tè ta chavire
   c. Li dwe tankou yon cheval nan batay. Plis bri twonpèt ap fèt sou tèt li, plis li fonse sou lènmi an.
   d. Li pa renmen batay ki raz.
   e. Li toujou ap fè egzèsis goumen pou l prepare pou batay
8. Ki sa Bondye fè pou l prepare nou pou batay?
   Li fè nou vin tou piti nan men l

Leson 11
Fêt la Bib: Ki kote Bib la ak la Syans dakò

Tèks pou prepare leson an: Jenèz.1:9; 2:19-21; 7:18-21; 8:3; 10:25; 19:24 -25; 2Wa.4:34-37; Sòm.90:10; Mak.8:23-26; Jan.9: 6-7; 2Pyè.3:7

Vèsè pou li nan klas la : Jenèz.7 :17-24

Vèsè pou resite : Gen bagay nou pa konnen, se bagay Bondye kenbe nan kè l pou li menm. Men bagay li fè nou kennen yo, se bagay nou menm ak pitit nou yo pa dwe janm bliye pou nou ka fè tout sa li mande nou fè nan lalwa a. **De. 29 :29**

Fason pou fè leson an: Diskou, konparezon, kesyon

Bi leson an : Montre kote Bib la dakò ak Syans

Pou komanse

Lòske lòm te komanse chèche esplikasyon pou sa ki pase sou tè a, bib la te déjà pale de kondisyon lòm sou planèt la. Nou pral wè kote bib la pa yon liv Syans, men la Syans blije dakò avè l.

I. An nou wè sa nan Jewografi

1. Bib la di ke nan komansman, te gen yon sèl lanmè ak yon sèl tè. Pat gen zafè Lewòp, Lazi, Lafrik, Lamerik ak Loseyani! Jenèz.1:9

   Nan tan saa, Adan te kap mache de yon pwent a yon lòt pwent la tè a, pou l mache bay non a tout bèt, a tout zanimo yo. Jenèz.2 : 19-20.

3. Sa vle di Adan te konnen kote nap viv kounyeya avan yo te gen non ke nou bay yo jodia. Si Satan ki pat gen djòb Adan te kap pakouri tout late, poul kap flannen, se pa ta Adan ki pa ta kapab pakouri tout la tè pou l sa fè djòb Bondye te bay li. Dayè, fòk li pote rapò bay li chak jou. Nan epòk saa, gwo bèt yo te rele Dinozò yo, brotonsò yo te konn mache travèse tout planèt la, dapre sa akeoloji dekouvri. Sa te pran anpil milyon ane pou li te fèt.

II. **Ki sak te pase apre gwo Delij nan tan Noye a?**
   1. Gwo Delij sa te kouvri tèt tout pi gwo mòn yo. Li te menm anglouti sa ki piwo a a senk mèt anba dlo, pandan si mwa. Jen.7 :24
   2. Se konsa tout moun ak tout bèt vivan te mouri. Sèl sila yo ki te nan bato Noye a ki te chape. Jenèz.7 :18-21
      a. Se konsa nou kap eksplike koman te fè gen disèl sou gwo mòn yo lè dlo a rale pou l retounen nan plas li. Jenèz.8 :3
      b. Bib la pa bay nou dat pou di ki lè latè te divize an kontinan.Men li di nou ke sa te fèt yon ti tan apre nesans Pelèg, pitit Ebèr. Se pousa yo rele ti gason Pelèg ki vle di: **divize.** Jenèz.10 :25
   3. Li fasil tou pou n wè nan kat jeografik la kote Lamerik ak Lafrik te fè yon sèl. Se konsa li te ye pou lòt kontinan yo. La Syans dakò ak sa.
   4. Nan vil Sodòm ak Gomò akeològ yo dekouvri kantite souf. Yo dakò ke te gen yon gwo dega ki te fèt pou sa. Ni la Syans, ni la bib, toulede dakò ak sa. Si w ale bò Sodòm, wa wè yon izin kote yo fè kounyeya pwodi ak souf sa yo pou bay moun yo bèl po.

III. **Nan zafè la medsin.** Jenèz 2 :21
   1. Bib la di: Bondye fè Adan tonbe nan fon sonmèy pou li pran yon zo kòt li. La Syans dakò ak sa. Avan tout operasyon, doktè a bay malad la yon anestezi nan tout kò l. Jenèz.2 :21
   2. Pwofè Elize bay pitit Sunamit souf pou fè l revni. Pou byen di, se te souf Bondye nan pwofèt la ki te resisiste pitit la. La Syans dakò ak metòd saa. 2Wa.4: 34-37
   3. Jézi fè yon premye tretman pou avèg la nan vil Betsayidaa. Mak. 8 : 23
      a. Li bay yon dezyèm tretman avan li bay li egzeyat.Mak. 8: 25-26

    b. Li fè menm jan pou mesye a ki te fèt avèg la. Li bay li yon premye tretman apre sa li voye l al koule tèt li nan basen Siloye a. Jan.9: 6-7

    Tout doktè zye yo fè menm bagay. Yo fè w de konsiltasyon avan yo preskri w linèt la.

4. Angwo moun viv jiska 80 lane. Gras a la Syans, moun ka viv 90 lane. Gen moun menm ki mouri nan 100 lane. Ni Bib la, ni la Syans dakò ak sa. Sòm. 90:10

Pou fini

Sèlman Bondye prevwa pou l disparèt tè a anba dife. La Syans rete bèkèkè. Si nou vle konprann na konprann! 2Pyè.3 :7

Kesyon

1. Konbyen kontinan ki te genyen pou komanse? Pat gen yonn menm. Se te yon sèl tè, yon sèl lanmè.
2. Ki lè la tè te divize an senk pati?
   Apre gwo Delij nan tan Noye a, yon ti tan apre nesans Pelèg.
3. Ki sa Peleg vle di? Pelèg vle di «divize »
4. Ki jan nou fè di ke Adan te konnen kote nou rete jodia?
   a. Paske Bondye te odonen l pou bay tout bèt non.
   b. Yo tout pat rete menm kote. Fòk Adan te vwayaje pou sa.
5. Pouki sa nou di ke Delij la te toupatou?
   a. Paske dlo a te kouvri tout tèt mòn yo.
   b. Paske menm gwo mòn yo te anglouti senk mèt anba dlo pandan si mwa.
6. Ki sa la Syans di nan sa? Li dakò
7. Ki premye moun ki te pran anèstezi nan tout kò l? Adan
8. Ki premye malad nou konnen ke yo te bay souf pou l revni? Piti gason madanm Sinamit la
9. Ki jan operasyon sa te fèt?
   Se souf Sentespri a nan pwofèt la ki fè pitit la revni
10. Ki kote doktè zye yo aprann fè de tretman pou zye yo avan yo preskri linèt la ? Nan Jezikri.
11. Ki sa la Syans di sou tè sa ki gen pou l disparèt anba dife? Li pa di yon mo.

Leson 12   Nowèl
Eske w gen plas nan vi w ki resève pou Jezikri?

Tèks pou prepare leson an: Sòm .1:1-6; Mat. 27:32; Lik.2:1-20; Jan.1: 1-11; 15:4

Vèsè pou li nan klas la: Lik.2 : 1-7

Vèsè pou resite : Se pou n fè yonn ak mwen, menm jan mwen fè yonn ak nou. Yon branch pa kap donnen pou kont li si l pa fè yonn ak pye rezen an. Konsa tou, nou p'ap kapab donnen si nou pa fè yonn ak mwen. **Jan.15:4**

Fason pou fè leson an: Diskou, konparezon, kesyon

Bi leson an : Montre ki avantaj nou gen kant nou rezève yon plas pour Jezi nan kè nou.

Pou komanse

Sizoka Jezi ta vin frape pòt ou sanzatann, ki kote wap bay pou fè ladesann? Pandan wap chèche repons la, an nou wè ki jan kèk moun te resevwa l.

I. Dabò, ki jan yo te resevwa l nan bouk Betleyèm

Piske Jozèf ak Mari pat gen rezèvasyon ni lajan tou, mèt otèl Bètleyèm voye yo al degaje yo nan pak zanimo l yo. Ki moun nou konnen yo janm trete konsa?   Jezi sèl, pitit Bondye, sila ki fè planèt la. Lik. 2 : 6-7

1. Jwif renmen lajan anpil. Se te jou resansman kote tout moun dwe rantre nan peyi kote yo te fèt pou levenman sa dapre lòd Lanperè Seza Ogis. Tout otèl yo te boure. Dapre mèt otèl saa, piske Mari make pou l akouche, li tap pi bon pou l ta monte lopital.
2. Depi lè sa, nou konprann koman Jezi vinn pami moun peyi l, yo pa twouve yon jan pou byen resevwa l. Jan.1 : 11
3. Poutan, kantite anj soti nan syèl la pou vin adore l, pou dekore plas la ak bèl limyè yo. Lik. 2 :10, 13,15

II. Ki jan yo te resevwa l Anejip
Jezi te pase twazan sèt mwan venteyen jou nan peyi Ejipsyen yo dapre sa moun ki etidye istwa peyi Lejip di. Pita nou va wè kote yon nonm nan peyi Nò lafrik ede Jezi pote kwa l. Yo te rele l Simon, moun nan peyi Sirèn, nan Nò Lafrik. Mat.27 :32

III. Ki jan yo resevwa l nan sosyete nou an
1. Nan tribinal. Yo fè Jezi desèpsyon nan tribinal yo. Yo pran dis Komandman, yo retire l paske yo pa vle bay plas pou Jistis nan tribinal.
2. Nan fanmiy yo. Gen kèk fanmiy ki fè l desèpsyon. Yo konnen Jezi di : « kan de ou twa reyini pou la priyè lap nan mitan yo, yo pito louvri Entènèt ak Televizyon pou yo pa bay Jezi plas ».
   Gen moun ki pa mete chèz pou li a tab lè yap manje, yo pa bay li plas nan machin lè yap vwayaje. Yo pap pale devan l lè yap regle zafè bisznis yo pou Jezi pa foure bouch ladan. Yo pap li ni medite Pawòl li ni lannwit, ni lajounen. Sa vle di yo pa lapriyè se dekwa pou Jezi pa jwen plas nan kay yo, nan zafè yo. Poutan se la yo pèdi batay. Sòm .1 : 1-3
3. Nan fèt Nowèl la. Yo fè li tounen fèt pou ti moun, pou bay kado, onon de Jezi yo pa bay.
   Jiska prezan, se Mèt otèl Betleyèm nan kap dirije biznis nou yo. Yo pito di w **Bòn fèt** tan pou yo di w **Jwaye Nowèl.**

Pou fini
Jwif yo te rejte Mesi a. Yo pa pran Jezi pou sa l ye a. Jezi di ke yap mouri nan peche yo. Jan.8:24 Men kesyon mwen gen pou w: Eske w gen yon plas pou Jezi nan kè w? Si se vre, li pral voye anj soti nan syèl la pou chanje kote wap viv la. Pandan tan saa, si w bite, lanmò kap vin frape pòt ou. Pare pa pare wap blije fè plas pou li. Tanpri, fè plas pou Jezi, pou li sa fè plas pou w tou nan syèl la.

Kesyon

1. Yon kesyon pou ou menm sèl reponn : Si lanmò ou byen Jezi ta vin frapè pòt ou sanzatann, ki lès nan yo ou pi pare pou w resevwa?
2. Pouki sa mèt otèl Bètleyèm nan pat kap jwen yon bon kote pou mete Jezi ?
    a. Mari ak Jozèf pat gen kòb pou peye l. Yo pat gen rezèvasyon.
    b. Yon lopital tap pi bon pou Mari ki make pou l akouche.
3. Ki moun li te refize lòjman an san l pa konnen ?
   Moun nan ki mèt planèt la
4. Ki jan de moun ki te pito vin vizite l? Yon kòlonn anj ki te soti nan syèl la
5. Ki te patisipasyon nwa yo nan la vi Jezikri?
    a. Jezi te pase twazan sèt mwa ak venteyen jou nan peyi nwa yo. Yo pat bay li okenn pwoblèm.
    b. Yon nwa te ede l pote kwaa sou wout kalvè a.
6. Nan sosyete modèn nan ki plas yo bay Jezi?
   Yo refize bay li plas nan tribinal yo, nan lekòl yo, nan anpil fanmiy e nan biznis yo.
7. Ki sa mèt otèl Betleyèm nan ta di w nan jou fèt Nowèl la jodia ? Li ta pito di w Bòn fèt.

Lis vèsè yo

1. Senyè a di : Non, paske, si yon moun touye Kayen, y'ap fè l peye sa sèt fwa. Se konsa, li mete yon siy sou Kayen pou moun pa touye l si yo jwen li. Jenèz. 4 : 15

2. Se konsa y'a nonmen non m, y'a lapriyè nan pye m pou pèp Izrayèl la, epi ma beni yo. No.6 :27

3. Paske Bondye si tèlman renmen lèzòm, li bay sèl pitit li a pou yo. Tout moun ki va mete konfyans yo nan li, p'ap pèdi la vi yo. Okontrè, y'a gen la vi ki p' ap janm fini an. Jan.3 :16

4. Se nan lavil Antyòch sa a premyè fwa, yo te rele disip yo kretyen. Tra.11 :26b

5. Apre sa pinga pèsonn ban m traka ankò. Paske, mak m'ap pote nan kò mwen moutre se esklav Jezikri mwen ye. Ga.6 :17

6. Bagay sa a mande anpil bon konprann. Moun ki gen konprann ka rezoud pwoblèm nimewo bèt la. Nimewo sa a se non yon moun li ye. Men nimewo a : sisanswasannsis. Rev.13 : 18

7. Dezyèm bèt la resevwa pouvwa pou l te fè estati premye bèt la tounen vivan. Konsa estati a ka

8. Bèt la egzije pou tout moun, pitit kou gran, rich kou pòv, esklav kou lib, pou yo resevwa yon mak sou men dwat yo osinon sou fwon yo. Rev.13 : 16

9. Pa fè menm bagay ak sa moun ap fè sou latè. Men kite Bondye chanje lavi nou nèt lè l'a fin chanje tout lide ki nan tèt nou. Wo.12 :2

10. Bondye chita kote ki apa pou li a, li fè tout moun rèspèkte l. Bondye pèp Izrayèl la bay pèp li fòs ak kouraj. Di Bondye mèsi! Sòm .68 : 36

11. Gen bagay nou pa konnen, se bagay Bondye kenbe nan kè l pou li menm. Men bagay li fè nou kennen yo, se bagay nou menm ak pitit nou yo pa dwe janm bliye pou nou ka fè tout sa li mande nou fè nan lalwa a. De. 29 :29

12. Se pou n fè yonn ak mwen, menm jan mwen fè yonn ak nou. Yon branch pa kap donnen pou kont li si l pa fè yonn ak pye rezen an. Konsa tou, nou p ap kapab donnen si n ou pa fè yonn ak mwen. Jan.15:4

Lis sijè yo

Dife 13 Seri 1 Jezi mouri pou peche se pa pou èskiz 1
Avan gou 5
Leson 1 Kote ezkiz yo soti ? 6
Leson 2 Eskiz a fanatik relijyon yo 9
Leson 3 Moun ki mal pou pran desizyon yo 12
Leson 4 Kèk fanatik ki pa wè klè ditou 15
Leson 5 Relijye ki gen prejije 18
Leson 6 Kretyen tout din pyès yo 21
Leson 7 Moun ki pran pòz yo konnen 24
Leson 8 Moun kap swiv tradisyon 27
Leson 9 Moun kap rejenbe yo 30
Leson 10 Fanatik avèg yo 33
Leson 11 Moun materyalis yo 36
Leson 12 Moun ki pèdi wout yo 39
Lis vèsè yo 42
Dife 13 Seri 2 44
Disiplin Jezikri 44
Avangou 45
Leson 1 Disiplin Jezi nan fanmiy li 46
Leson 2 Disiplin Jezi a tab 48
Leson 3 Sa Disiplin nan zafè rèspèkte lè randevou 51
Leson 4 Disiplin li nan rèspè pou moun ki sou 54
tèt li 54
Leson 5 Disiplin li nan travay 57

Leson 6 Disiplin li nan aktivite sosyal 60

Leson 7 Disiplin li nan zafè Leta 63

Leson 8 Disiplin li nan zafè profesi yo ki pou akonpli 65

Leson 9 Disiplin li nan sa ki gen rapò ak la fen monn saa 68

Leson 10 Disiplin li dapre sa ki va rive sou planèt nou an 71

Leson 11 Ki sa ki genyen ojis nan Disiplin saa 74

Leson 12 Jezi se Papa ki la pou toutan an 77

Lis vèsè yo 80

DF13 Seri 3 82

Sis ja dlo yo nan resepsyon Maryaj Kana a 82

Avangou 83

Leson 1 Maryaj nan lavil Kana a dapre profesi yo 84

Leson 2 Ki wòl Mari nan maryaj Kana a 87

Leson 3 Pou ki rezon menm Jezi te vini nan maryaj saa ? 90

Leson 4 Pou ki rezon menm Jezi te vini nan
maryaj saa?(rès la) 93

Leson 5 Premye Ja ki pou plen an : ja lanmou an 96

Leson 6 Dezyèm ja pou plen an : ja la jwa 99

Leson 7 Twazyèm ja pou plen an : ja lapè a 102

Leson 8 Katriyèm ja pou plen an : Ja sekirite a 105

Leson 9 Sinkyèm ja ki pou plen an : Ja bèlte a 108

Leson 10 Sizyèm ja ki pou len an:
Se Bèlte èspirityèl la 111

Leson 11 Ja yo ki pa kapab kenbe bon diven an 114

Leson 12 Ki sa ki garanti yon bon maryaj 117

Lis vèsè yo 120

Dife 13 Seri 4	122
Mak Jezi ak Mak Bèt la	122
Avangou	123
Leson 1 Mak ki sou Kayen an	124
Leson 2 Mak Bondye sou pitit Izrayèl yo	127
Leson 3 Mak Jezikri yo	129
Leson 4 Mak ki fè konnen ou se kretyen	132
Leson 5 Mak ki fè konnen ou se kretyen (rès la)	135
Leson 6 Bèt la	138
Leson 7 Mak Bèt la	141
Leson 8 Mak Bèt la (rès la)	144
Leson 9 Réfòmasyon : Bat pou nou transfòmen	147
Leson 10 Fason yon solda Jezikri feteAksyon de gras	150
Leson 11 Fêt la Bib : Ki kote Bib la ak la Syans dakò	154
Leson 12 Nowèl : Eske w resève yon plas pou Jezikri?	158
Lis vèsè yo	161

Ti detay sou vi Pastè Renaut Pierre-Louis

Pastè nan Legliz Batis Saint Raphael,	1969
Diplômen nan Teoloji nan Seminè Batis Limbe,	1970
Diplômen nan Lekòl kontablite Julien Craan	1972
Pwofesè Angle ak Panyòl nan Collège Pratique du Nord au Cap-Haitien,	1972
Pastè nan Premye Legliz Batis nan Cap-Haitien,	1972
Pastè nan Legliz Batis Redford, Cité Sainte Philomène,	1976
Diplômen nan Lekòl Avoka au Cap-Haitien	1979
Fondatè Collège Redford ak l'Ecole Professionnelle ESVOTEC,	1980
Pastè nan Legliz Batis Emmaüs à Fort Lauderdale	1994
Pastè nan Legliz Batis Péniel à Fort Lauderdale	1996

Pastè pandan karantsizan (46), Avoka, Poèt, Ekriven, Konpozitè Teyat, li jwe teyat
Jodia sèvitè Bondye sa pote pou nou « Dife Lajwa a».
Se yon liv pou enstri nou. Li gen gwo koze sou teoloji ladan. Li déjà fè gwo chanjman nan fason pou anseye nan Lekòl Dimanch e nan fason pou nou prezante mesaj Pawòl Bondye a.
Pastè yo, predikatè yo, monitè yo, kretyen ki gen zye klere yo, tanpri, pran Dife Lajwaa. Kan w fini, pase l bay yon lòt. 2 Tim. 2:2

www.ingramcontent.com/pod-product-compliance
Lightning Source LLC
Chambersburg PA
CBHW071626080526
44588CB00010B/1288